Guia Histórico
da Literatura Hebraica

Coleção ELOS
Dirigida por J. Guinsburg

Equipe de realização — Revisão: Edméa G. Neiva Danesi e Lucilene Milhomens; Produção: Plínio M. Filho; Programação Visual: A. Lizárraga.

Esta obra, foi publicada sob os auspícios da Federação Israelita do Estado de São Paulo e do Centro de Estudos Judaicos da Faculdade de Filosofia, Letras e Ciências Humanas da USP.

A velha casa, para quem sabe ouvir, é uma espécie de geometria de ecos.

G. Bachelard

J. Guinsburg

Guia Histórico da Literatura Hebraica

Do Período Pós-Bíblico à
Criação do Estado de Israel

EDITORA PERSPECTIVA

© Editora Perspectiva S.A.

Direitos reservados à
EDITORA PERSPECTIVA S.A.
Av. Brigadeiro Luís Antônio, 3.025
01401 São Paulo Brasil
Telefone: 288-8388
1977

SUMÁRIO

Unidade na Dispersão 9
Conceito e Periodização da Literatura Hebraica 11
Período Pós-Bíblico até a Época da Mischná 15
Literatura Talmúdica 21
Período Gaônico 31
Período Ibérico 41
Período Italiano 61
Literatura Hebraica Moderna 67
Bibliografia Resumida 135

UNIDADE NA DISPERSÃO

O presente trabalho destina-se a oferecer um panorama histórico da literatura hebraica, desde o encerramento do cânone bíblico até a independência de Israel. De certo modo, trata-se de enfeixar o vasto segmento que se estende espacialmente por três continentes e temporalmente por quase dois milênios, que é a etapa do Galut. Esta seleção tem uma razão de ser, que é a da continuidade na dispersão. Os elementos que vão condicionando sua capacidade produtiva e os frutos daí surgidos variam certamente com a própria amplitude deste capítulo histórico e com a multivariedade de suas condições infra- e superestruturais. Mas de outro lado não há dúvida de que, sob os diversos fatores e contraditórias circunstâncias, eles se compõem segundo um grande dado ou pólo comum, uma força que os alinha e que eles, por sua vez, retroalimentam, constituindo-se mesmo na sua principal energia: o Galut, isto é, o Exílio grupal, nacional, da cultura e do povo de Israel. Sob qualquer manto que se apresente, religioso ou secular, prosaico ou poético, ficcional ou crítico, ele é básico e determinante nas letras hebraicas, que em sua função se tornam a essência da literatura judaica, não importando quais outras manifestações de suma importância ela possa ter tido simultaneamente.

Entretanto, cabe ressalvar que não foi nosso objetivo oferecer uma interpretação específica da história literária judaica ou hebraica, e conjugar os fatos, isto é, as obras, os autores, as tendências, os mecanismos sócio-estilísticos e sociolingüísticos, segundo uma linha assim cristalizada. A nossa preocupação é bem menos compromissada neste sentido, pois se propõe a servir de simples chave ou *Guia* de acesso a um edifício literário que é, não se pode contestar, um dos mais característicos e sugestivos, figurando pelo número e alcance de suas obras entre as principais produções do espírito humano em seu discurso criativo e reflexivo nas letras.

CONCEITO E PERIODIZAÇÃO DA LITERATURA HEBRAICA

Sob o conceito de literatura hebraica deve-se entender, naturalmente, todo o complexo de escritos que os antigos hebreus e seus descendentes históricos, os judeus, produziram originariamente em língua hebraica, ou vincularam intrinsecamente a este idioma, nas diferentes épocas e lugares, bem como nas várias formas de expressão literária. Abrange, pois, não só as elaborações profanas como um vasto capítulo religioso, onde ocupam um lugar particularmente importante os textos coligidos no que se chamou *Tanach* (abreviatura de *Torá*, *Neviim* e *Ketuvim*, isto é, Lei, Profetas e Hagiografia) ou *Kitvei ha-Kodesch*, Escrituras Sagradas. Por sua relevância e características específicas, a Bíblia hebraica e os livros por ela reunidos, costumam ser tratados à parte, o que de modo algum os exclui do contexto da literatura hebraica, que aí encontrou tanto a sua raiz histórica quanto uma fonte constante de motivação artística e restauração lingüística.

Isto estabelecido, impõe-se outra consideração preliminar. Diz ela respeito à periodização do imenso *corpus* literário que se formou nos vinte e dois séculos compreendidos entre o encerramento do cânon bíblico, c. de II a.C., e a nossa época. De um modo geral, as divisões praticadas são demasiado longas para satisfazerem critérios inteiramente intrínsecos ao fenômeno literário, ficando entre o corte histórico-cronológico, o agrupamento histórico-geográfico e as correspondências histórico-literárias. Mas, por outro lado, não há como escapar-lhes, dadas as vicissitudes históricas, a multilocalização geográfica e a complexidade cultural da vida judaica, sobretudo na Diáspora. Assim, com a reserva de que se trata antes de meios de distribuição didática, que deixam muito a desejar na sua organicidade com o respectivo conteúdo, procuraremos tramar sem rigidez a pertinência literária e a cronológica, e falaremos de

período pós-bíblico até a época da Mischná, isto é, de cerca do século II a.C. até pouco depois da revolta de Bar Kochba em 135 d.C., mas sem esquecer que precisamente na literatura deste período é que se nos apresenta todo um conjunto de obras, como as de natureza apocalíptica e sapiencial, com estreita afinidade com livros escriturais, como o de *Daniel,* os *Provérbios,* o *Eclesíastes* etc;

literatura talmúdica, isto é, entre o fim do século II d.C. e o término da expansão árabe (início do século VI), mas cujo ponto de partida não está no texto fixado na *Mischná,* pois as mais antigas elaborações da Tradição Oral remontam indubitavelmente a uma época bem anterior à dos livros mais recentes da Bíblia e a codificação mischnaica serviu-se de várias outras coletâneas tanaíticas desenvolvidas na fase especialmente pós-bíblica;

período gaônico[1], isto é, entre o início do século VI e o ano 1000, mas considerando que, por um lado, se

1. Na verdade muitos autores entendem que o longo lapso de tempo compreendido entre o encerramento do Talmud e o advento da Hascalá ou/e da Revolução Francesa, quer dizer, do início do século VI até o fim do século XVIII, constitui, pela vigência básica de certas características sociais e culturais, uma só etapa histórica que denominam, por aproximação, de Idade Média judaica. Assim, o «medieval» englobaria o que chamamos de períodos *gaônico, ibérico* e *italiano.*

trata apenas de um dos primeiros estádios de uma ramificada literatura rabínica de natureza normativa que, mergulhando suas raízes haláhicas na hermenêutica dos períodos anteriores, chega não só até a época da Ilustração judaica (1756) como até os nossos dias, e que, por outro lado, justamente esta característica não dá conta da diversificação e revitalização literárias que ocorrem no tempo dos *gaonim;*

período ibérico, isto é, entre os séculos X e XIV, mas que inclui não apenas a "idade de ouro" da prevalência literária do judaísmo hispânico e provençal, como importantes produções das comunidades orientais, norte-africanas e, sobretudo, franco-alemãs;

período italiano, isto é, entre os séculos XV e XVIII, mas que em essência se insere no medievo judaico e não pode limitar-se ao predomínio do centro italiano, na medida em que abrange também a literatura da escola de Safed e as numerosas obras místicas, morais e legais, escritas no Império Otomano, na Holanda e na Alemanha, bem como na Europa Oriental, centro *aschkenazi* que, ao lado dos guetos da Europa Central, assume um papel cada vez mais preponderante como foco de judaísmo;

por fim, *literatura hebraica moderna* ou *neo-hebraica,* isto é, a partir do fim do século XVIII até os nossos dias, que abriga sob um apelativo demasiado geral não só a produção de núcleos principais, Alemanha, Europa Oriental, América e Israel (até a Independência, que assinala o surgimento oficial da *literatura israelense*) como a de fases e correntes das mais diversas, em que se sucedem e se misturam conceitos como os de Hascalá ("Ilustração" ou "Iluminismo"), Romantismo e Realismo, Ressurgimento Nacional e Nacionalismo, *fin de siècle* e Naturalismo, Simbolismo, Modernismo e Retorno.

PERÍODO PÓS-BÍBLICO
ATÉ A ÉPOCA DA MISCHNÁ

Estruturado o cânon bíblico, chegou formalmente ao fim do ciclo da *Torá Sche-bi-Ktav,* "Lei Escrita" ou Escritura, e começou o da *Torá Sche-be-al Pe,* "Lei Oral", pelo menos nos termos da colocação tradição judaica. O trabalho desenvolvido nesta linha pelos doutores da Lei será analisado em *literatura talmúdica.* Mas o processo literário hebraico — sob a ação crescente do complexo de fatores (confrontos e sínteses helenístico-judaicos, lutas pela independência política da Judéia e pela reformulação sócio-religiosa do judaísmo) que começam já atuar nos últimos livros bíblicos — não podia estar limitado a este aspecto.

De fato, traduziu-se em outras manifestações, como atestam os *Sefarim Hitzonim* ou *Ketuvim Achronim,* os livros excluídos da coletânea escritural, bem como as obras sectárias e de outras correntes religiosas que não a dos fariseus. Uma parte de tais escritos subsistiu em grego ou em traduções, a partir deste último idioma, para o siríaco, o etíope e o latim, integrando principalmente os chamados *Apócrifos* e *Pseudepígrafos.* Discutiu-se muito sobre sua procedência. Hoje, após quase dois séculos de trabalhos científicos, as inferências da crítica dos textos, os testemunhos de fontes talmúdicas e patrísticas e as provas de fragmentos e livros encontrados na Gueniza[1] ("Depósito") do Cairo, nas Cavernas do Mar Morto, em Matzada etc., firmaram o ponto de vista de que, embora contenha também originais gregos, a maior parte desta literatura foi escrita na Judéia ou na Babilônia, em hebraico ou aramaico. Por outro lado, não só uma de suas principais manifestações, os Apocalipses, apresenta uma estrutura literária que a situa a meio caminho entre as formas bíblicas e a dos *midraschim* (v. *literatura talmúdica*), como suas demais produções se ligam diretamente aos gêneros cultivados na Bíblia. Assim, os *Sefarim Hitzonim* abrangem também *meschalim* ("provérbios"), *tehilim* ("salmos"), crônicas históricas, profecias, narrativas didáticas e lendárias (*agadot*). Dentre as obras que são classificadas especificamente no rol dos Apócrifos[2], uma das mais antigas (c. 200 a.C.), das mais reputadas entre judeus e cristãos e a única cuja autor teve o nome preservado, é a *Sabedoria do Filho de Sirach* (Ben Sira, no Talmud) ou *Eclesiástico*, na denominação latina; coletânea de máximas e instruções morais ao estilo gnômico dos Provérbios, denota contato com a cultura helenística, mas foi comprovadamente redigido em hebraico e, no seu sentenciar sapiencial, mantém-se nos limites de um judaísmo tradicional, com acentos saduceus. Na linha da *agadá*, isto

---

1. Espécie de arquivo, nas sinagogas, de livros sagrados e outros textos em desuso; a do Cairo, explorada pelo pesquisador Schechter, em 1896, forneceu cerca de 100 000 fólios hebreus, um tesouro sem par para os estudos judaicos.

2. Eles são em número de dez, que a crítica costuma distribuir em Livros Históricos (I ou III *Esdras*, I, II, III *Macabeus*), Ficção Lendária ou Edificante (*Tobit, Judite, Bel* e o *Dragão, Susana, Aditamento a Ester*), Escritos Proféticos ou Poéticos (*Oração de Azarias* e *Cântico das Três Crianças, Livro de Baruch, Epístola de Jeremias*), Didáticos (*Sabedoria de Sirach, Sabedoria de Salomão* e *IV Macabeus*).

, da literatura de imaginação, *Tobias* (anterior aos Macabeus) e *Judite* (c. 140 a.C.), compostos provavelmente o primeiro em aramaico e os outros em hebraico, são como que romances ou alegorias histórico-religiosos, do tipo Rute e Ester, com objetivos exemplares, didáticos e patrióticos. Com igual motivação, mas de alto valor documental e histórico, é o primeiro *Livro dos Macabeus* (c. 100 a.C.), crônica certamente escrita em hebraico, cobrindo um período de quarenta anos, entre a ascensão de Antíoco Epifânio (175 a.C.) e até a morte de Simão o Macabeu (135 a.C.), onde as lutas de Matatiahu e seus filhos encontram registro. Um verdadeiro *midrasch*, baseado no *Gênese* e *Êxodo,* é a *narrativa homilética* do importante livro sobretudo farisaico dos *Jubileus* (c. 128-55 a.C.). Na realidade, o gênero talvez mais característico desta fase literária é o do Apocalipse, ao qual pertence de algum modo a maior parte dos *Sefarim Hitzonim*: as inquietações políticas e religiosas sob os últimos Asmoneus e do período herodiano e romano, traduziram-se em especulações escatológicas e pregações messiânicas que, embora emanadas de correntes e doutrinas diversas, assumiram em comum a forma de "revelações", "anunciações" e "mensagens", cifradas em simbolismos proféticos, visões místicas e alegorizações histórico-lendárias, comunicadas sob a voz pseudepigráfica de grandes nomes do passado e destinadas a propagar as idéias e as disposições tidas por indispensáveis ao preparo do indivíduo e da comunidade para o inevitável advento do "Fim" e do "Reino". Deste ciclo, além de *Jubileus*, fazem parte: o livro de *Enoque,* um conjunto de escritos de mitologia oriental, mística e messianismo judaicos, conservados em sua parte mais antiga (c. II a.C.) em etíope, mas composto originariamente em hebraico e, numa pequena proporção, em aramaico; a *Assunção de Moisés* (c. 4 à.C.-30 d.C.), o *Apocalipse de Baruch* (após 70 d.C.) e o *IV Esdras* (I d.C.). Da mesma inspiração, porém mesclando a profecia apocalíptica às instruções morais, são os *Testamentos dos Doze Patriarcas* (c. I a.C.), atribuídos aos filhos de Jacó. A edificação e a escatologia, sob o estro da piedade farisaica e a exemplo do lirismo devocional do Saltério, recebem configuração poética nos *Salmos de Salomão* (c. 60 a.C.).

No quadro desta era literária e dos *Sefarim Hitzonim*, incluem-se os escritos da seita de Kumran, a da "Santa Aliança" ou, no dizer de muitos estudiosos do assunto, a dos Essênios. De fato, entre os restos de sua biblioteca ou *gueniza*, encontrados a partir de 1947 nas grutas às margens do Mar Morto, figuram, além de manuscritos de quase todos os livros bíblicos em versão da Septuaginta ou na massorética, não só fragmentos de *Enoque*, *Jubileus*, *Testamentos dos Doze Patriarcas* e outros do mesmo âmbito, mas também parte do até agora enigmático *Escrito Tzadokita* ou de Damasco, cuja origem e sentido veio assim a esclarecer-se, e sobretudo textos hebraicos inteiramente desconhecidos, como o *Pescher Habakuk* (Comentário de Habacuc), o *Serek ha-Iahad* (Manual de Disciplina), as *Divrei Berakhot* (Bênçãos), as *Hodaiot* (Salmos de Graças), o *Serek ha-Milkhamá* (Rolo da Guerra ou, como é outrossim conhecido, a "Guerra dos Filhos da Luz contra os Filhos das Trevas"), o *Serek ha-Edá* (Regra da Congregação) — obras que apresentam estreito parentesco com a literatura apócrifa e apocalíptica, seja pelos temas e preocupações, seja pelos gêneros e linguagem, seja pelas referências e implicações. Dupont-Sommer e outros atribuem mesmo ao essenismo a autoria de numerosos Pseudepígrafos e vêem nele uma das principais fontes judaicas das elaborações doutrinárias cristãs. Seja como for, não há dúvida que os extratos mais antigos dos escritos protocristãos, com suas parábolas e sermões midráschicos, com sua proposta messiânica e escatológica, procedem do mesmo *habitat* cultural e da mesma efervescência espiritual que geraram o conjunto dos *Sefarim Hitzonim*.

Não se esgota aí a produção desta fase da literatura hebraica. Toda centrada no domínio religioso, é natural que nela avultasse a contribuição dos rabis fariseus, a cujo crédito cumpre lançar ainda os *targumim*[3], as traduções aramaicas do Pentateuco e diferentes livros bíblicos. É o caso do *Targum de Onkelos*, consignado a um prosélito, mas na realidade efetuado entre 100 e 130 d.C. na Academia de Iavné, do *Targum* de Jerusalém ou Pseudo-Jerusalém, que é uma transposição livre de trechos dos Cinco Livros de Moisés, do *Targum* dos livros proféticos e vários outros cuja função se fazia tanto mais necessária quanto, na Judéia de então, o aramaico tornara-se o meio de comunicação corrente e o hebraico investia-se cada vez mais do papel de língua literária e sagrada. Procedência idêntica têm diversas preces da liturgia sinagogal, que se fixou com o término do culto sacrifical do Templo, e a secção mais antiga da *Meguilat Taanit* ("Rolo do Jejum"), onde se registram os dias festivos em que é vedado jejuar por assinalarem eventos felizes na vida do povo de Israel. De caráter histórico é ainda o *Seder Olam* ("Ordem do Mundo"), um relato ao modo midráschico, que vai da Criação até a época de Alexandre Magno e cujo autor seria Iossef ben Halafta, um discípulo de Rabi Akiva (130-160 d.C.); no gênero, porém vinculada à linha

---

3. Plural de *targum*, «tradução».

dos *Divrei ha-Iamim,* das crônicas bíblicas, vale ainda invocar uma *Crônica do Sacerdócio de João Hircano* citada em *I Macabeus* e um relato da ruptura dos fariseus com a casa asmonéia mencionada no Talmud. Estas obras perderam-se, assim como se perdeu o original aramaico do livro de Flávio Josefo, a *Guerra dos Judeus,* um marco historiográfico e literário da época.

LITERATURA TALMÚDICA

Derivado de *lamad*, aprender, estudar, Talmud significa aprendizado, estudo ou ensino, e é o nome dado ao conjunto da literatura talmúdica, isto é, os textos dessa origem incluídos ou não nas compilações da *Mischná* e *Guemará*, ou especificamente a esta última, a saber, o *Talmud de Jerusalém* e o *Talmud da Babilônia*. É nesta segunda acepção que o termo é em geral utilizado pelos próprios mestres talmudistas, mas, dadas as vinculações históricas, religiosas, jurídicas, metodológicas e estilísticas com as demais produções dos Tanaítas, Amoraítas e Saboraítas (v. adiante), não é menos legítimo o nexo mais amplo, que aliás também surge às vezes na própria *Guemará*. Elaborado ao longo de quase um milênio (450 a.C.-500 d.C.) e de ao menos três ciclos distintos, Tradição Oral ou Não-Codificada, Mischná e Talmud, e com variações lingüísticas que vão do hebraico aramaizado mischnaico ao aramaico hebraizado talmúdico, este vasto complexo literário é obra eminentemente coletiva. Sucessivas gerações de *hahamim* e *darschanim*, "sábios" e "exegetas", teceram-na à medida que desenvolviam a legislação das *halahot* e a investigação, o *darasch*, do sentido profundo dos versículos bíblicos através do *midrasch* haláhico (dedução de uma lei através de interpretação legal ou legalista) e do *midrasch* agádico (inferência de ensinamento ou idéia (através de interpretação literária ou imaginosa ou de base lendária), acumulando nas interpretações, preceituações e figurações os elementos de *halahá,* lei, e de *agadá,* lenda, relato — as duas principais em que se exprimiu a literatura talmúdica.

O ponto de partida deste largo trabalho é a *Torá sche-be-al Pe*, a "Lei Oral". Esta tradição, envolvendo amplo corpo de costumes e prescrições que adaptavam o texto escrito e consagrado da *Torá* aos usos e preceitos herdados, foi transmitida oralmente. Sua origem era atribuída ao próprio Moisés, a quem teria sido revelada em concomitância com a Lei Escrita, passando a seguir aos maiores sábios e profetas, de Josué a Esdras e aos *soferim* ("escribas"), dos Homens da Grande Sinagoga ou Assembléia (séculos V e IV a.C.) e de Simão o Justo (início da época dos Macabeus), através dos *zugot,* os "pares" de chefes espirituais, até Hilel, considerado o primeiro *taná,* e Schamai (pouco antes da era cristã). Julgava-se que estava implícita no próprio texto escritural e que era possível reconstruí-la a partir daí por meio de uma reinterpretação adequada, tarefa à qual se entregaram particularmente os rabis fariseus, os chamados doutores ou mestres da Lei, e em cujo decurso, sobretudo desde Hilel com suas famosas Sete Regras de interpretação, estabeleceram os métodos da engenhosa hermenêutica que lhes serviu para "cercar a Torá", a fim de preservá-la, com um cerrado sistema de *halahot*, com ou sem base escritural explícita. Formou-se assim um verdadeiro e minucioso *corpus juris*, cujos elementos não podiam ficar confiados apenas à memória, apesar da proibição de registrar por escrito a Lei Oral.

A *Mischná*, literalmente "repetição", "estudo", constituiu a primeira fase da ordenação e fixação deste repertório legal e ritual. Provavelmente baseada em coletâneas de *halahot* e *mischnaiot* parciais, espécies de *aide-mémoires* compostos nas escolas de Hilel e Schamai, ela resultou principalmente do trabalho de exegese e legislação da famosa *ieschivá*, "sessão", "academia", de Iavné, fundada após a queda de Jerusalém por Rabi Iohanan Zakai (I d.C.) e onde floresceram Rabi Akiva (que escoimou o material da Tradição Oral e o organizou por assunto, sistematizando-o provavelmente em livros e capítulos; século I d.C.), Rabi Ismael (que desenvolveu as regras da exegese haláhica, formuladas por Hilel, elevando-as de sete para treze, estruturou o primeiro conjunto fundamentado de *halahot,* sendo ainda considerado o autor da *Mekhilta;* século I), Rabi Meier (distribuição tópica e lógica; século II) e outros hermeneutas insignes, denominados Tanaítas (de *taná,* tradicionalista). Destes, Rabi Iehudá ha-Nassi, "o Patriarca" ou o Rabi (135-219), foi considerado o último, pois coube a ele, ou à sua escola (c. de 200), levar a termo e fixar por escrito, nas duas edições que fizeram da *Mischná,* todo este processo de codificação.

Redigida na Palestina em hebraico pós-bíblico, com numerosos aramaísmos, grecismos e latinismos, a *Mischná* divide-se em seis ordens: 1. Zeraim (das sementes), 2. Moed (das festividades, inclusive o Schabat), 3. Naschim (das mulheres e da família), 4. Nezikin (dos danos, das leis civis e criminais), 5. Kodaschim (das coisas sagradas), 6. Tohorot (das purezas e impurezas). Estas ordens distribuem-se em tratados, num total de sessenta e três, e cada tratado (*masseket,* "teia") em capítulos (*perakim,* de *perek,* "articulação"), que somam quinhentos e vinte cinco, repartindo-se cada capítulo em secções, chamadas *mischná* ou *halahá*. Eliminando excessivas considerações de caráter filosófico ou especulativo e reduzindo ao mínimo a apresentação do debate rabínico, sem todavia excluir a tentativa de formular uma opinião judaica, bem como princípios de judaísmo e de conduta judaica, procura cingir-se à estrita interpretação da Lei de Moisés e à precisa configuração normativa. Seu material é exposto em geral de maneira apodítica sem o *midrasch*, isto é sem demonstração de seu liame com o texto bíblico, e é ordenado lógica e sistematicamente segundo o argumento, apresentando as linhas de opinião dos mestres. Por sua natureza fundamentalmente haláhica, com poucos elementos de *agadá*, que não vão além de sessenta e cinco *mischnaiot* e o tratado ético *Pirkei Avot*, ("Ditos dos Pais")[1], e mesmo estes quase sempre em forma aforística e epigramática, tende a uma linguagem seca e prosaica, porém incisiva e clara, deixando pouca margem de dúvida quanto ao sentido de suas sentenças. Daí haver a *Mischná* do Rabi suplantado todas as demais compilações que eventualmente a antecederam e lhe serviram de base, constituindo-se no cânon e no compêndio da Lei Oral e, como tal, na pedra de toque da legislação e da educação judaicas da época e subseqüentes.

Ao ciclo tanaítico pertencem ainda outras elaborações de ordem sobretudo preceitual, como: a *Tosefta*, "Aditamento", uma coletânea de leis e ditos que complementa a *Mischná* em todas as suas ordens e tratados, contendo inclusive um livro agádico, *Avot de-Rabi Natan* ("Os Pais segundo Rabi Natan"); as *Beraitot* (do aramaico *baraíta*, "fora"), ou seja, textos dos Tanaítas que não foram incluídos na coleção mischnaica, nem na *Tosefta*, e que foram preservados na *Guemará*; e os *Midras-*

1. Conhecido em português como «A Ética dos Pais».

chei Halahá, oriundos principalmente das escolas de **Rabi Akiva** e **Rabi Ismael**, e que são, como a *Mekhilta* sobre o *Êxodo*, a *Sifrá* sobre o *Levítico* e a *Sifrê* sobre *Números* e *Deuteronômio*, comentários exegéticos às partes legais do Pentateuco, desenvolvidos em conexão com o texto bíblico e segundo a sua ordem, constituindo todo um conjunto de "*halahot* motivadas".

Redigida a *Mischná*, o período dos Tanaítas chega praticamente ao fim e, com ele, a preponderância da Palestina e da língua hebraica na literatura talmúdica. Pois a *Guemará* propriamente dita é obra dos comentadores e expositores, os Amoraítas (de *amorá*, "intérprete") que viveram na Terra Santa e na Babilônia entre 219 — quando faleceu Rabi Iehudá o Patriarca — e a conclusão do *Bavli* (Talmud babilônico), por volta de 500. Tomando como fundamento, além de decisões inteiramente novas, as conceituações mischnaicas já fixadas e analisando-as em suas conseqüências lógicas ou comparando-as com as colocações das *Beraitot* e da *Tosefta*, urdiram eles uma extraordinária tessitura de formulações jurídico-religiosas, isto é, de normas e ordenações da *halahá* que, somadas a sentenças éticas, interpretações metafóricas, meditações metafísicas, cosmológicas, teológicas e filosóficas, parábolas e narrativas exegéticas do tipo agádico, bem como extensa literatura em prosa e poesia, de fatos históricos, remédios, crenças e provérbios populares, formam as duas compilações da *Guemará,* a jerusalemita e a babilônica.

Ambos os conjuntos apresentam, aliás, outras características comuns, afora o objeto e mesmo, até certo ponto, o espírito de seus textos. Uma das principais é a forma como desenvolvem suas exegeses preceituais. A dialética *sensu strictu*, a técnica da pergunta e da resposta, da prova e da contraprova, as argumentações às vezes tão cheias de argúcias, sutilezas e sofismas, cristalizam-se nela — após, é claro, a demanda mischnaica — no famoso debate talmúdico das *ieschivot*.

Na verdade, esse instrumento por excelência das inovações e adaptações do período amoraíta, foi moldado nas academias palestinenses e babilônicas, sobretudo as de Seforis, Cesaréia, Tiberíades, Nehardéia, Sura e Pumbedita, que mantinham entre si um contato incessante por meio de mestres e discípulos, efetuando contínuas trocas de idéias e ensinamentos. Esta colaboração entre os centros da atividade cultural e da criatividade espiritual de Israel e de sua Dispersão, que fala por si de sua consciência comum e que assegurou a unidade essencial da vida judaica nos tempos talmúdicos, também é documentada pela língua utilizada, o aramaico hebraizado, e pelas contribuições comuns das diferentes academias que figuram nas duas *Guemarot*.

O Talmud de Jerusalém, o *Ieruschalmi*, assim chamado por razões simbólicas e não de origem, apresenta *guemarot*, "comentários" apenas sobre quatro ordens da *Mischná*, a saber: Moed, Naschim, Nizikin e alguns capítulos do tratado Nidá, da ordem Tohorot, faltando qualquer glosa sobre a ordem Kodaschim. Produto das *ieschivot* de Seforis (onde se realçam os nomes de Hanina ben Hama, Ianai, Bar Kapara, Hoschai Raba, Ioschua ben Levi), de Tiberíades (com Iohanan e Simão ben Lakisch) e Cesaréia (com Rabi Abahu), teve, ao que parece, o seu primeiro organizador ou esquematizador na pessoa de Rabi Iohanan, reitor da academia de Tiberíades, c. de 300, sendo completado ou efetivamente compilado meio século depois (c. 365) por Rabi Iosse ben

Bun. O *Ieruschalmi* distingue-se pela maneira simples, pouco explicativa com que apresenta a sua matéria, exposta em frases curtas, verdadeiras abreviaturas, num aramaico-sírio com fortes mesclas de hebraico mischnaico. Intimamente ligado à situação e aos problemas da comunidade palestinense, refletindo inclusive a tensão e as agruras, bem como o processo de decaimento de que esta era palco, exerceu sobre a vida e a erudição judaicas influência bem mais restrita que o *Bavli*.

A viga mestra da subsistência religiosa e comunitária da Diáspora judaica e do judaísmo até a modernidade foi o Talmud da Babilônia, o *Bavli*, ou como é denominado mais genericamente, a *Guemará*. Desenvolvido no decurso de uma evolução histórica em que, após os golpes sofridos pelos *ischuvim* ("coletividades") da Terra Santa, do Egito e da Ásia Menor, devido a suas sucessivas revoltas contra o jugo romano, avultava cada vez mais o papel (datava, na verdade, desde o Primeiro Exílio) da crescente concentração judaica na Mesopotâmia, parta primeiro e sassânida em seguida, constituiu-se em função de uma existência sociocultural diversificada e florescente, reconhecida de certo modo em sua especificidade não só religiosa (foi relativamente pouco perseguida pelos credos dominantes) como política (pela autonomia concedida a suas instituições e pelo poder outorgado ao *Reiseh Galuta,* o "Exilarca", uma espécie de príncipe da comunidade). Nestas condições, não é de admirar que tudo nele tenha um porte bem maior do que no *Ieruschalmi*. Elaborando extensamente suas indagações e procurando articulá-las por conexões sobretudo lógicas, torneando cuidadosamente as discordâncias entre o consuetudinário, o dogmático e o racional, e levando os argumentos às últimas e por vezes menores conseqüências, os Amoraítas babilônicos deram ao discurso talmúdico uma envergadura analítica e um refinamento dialético que não têm par na tessitura abrupta e mesmo tosca das *halahot* jerusalemitas. Também sua linguagem é muito mais rica e variada, mesmo porque serve em grande parte à expressão agádica, que ocupa dois terços desta *Guemará*. Daí a abundância de símiles, analogias e metáforas nas discussões dos mestres da Babilônia, que não raro tendem para uma retórica preciosa. Mas, de um modo geral, elas se desenvolvem em termos claros e explícitos, permeados de uma ponta de humor que ressalta até em investigações puramente legais. Não se poderia, contudo, dizer que este verdadeiro "mar talmúdico", como a tradição o configura, tenha propriamente um estilo característico, exceto o de uma oralidade viva. De fato, o selo do debate, da exposição e confrontação verbal se imprimiu de tal modo no texto que ele mais parece um registro feito no calor da sessão do que um escrito redigido muito depois como compilação.

O *Bavli* apresenta-se em aramaico-babilônico, mas entrelaçado de vocábulos e sentenças hebraicas, abarcando trinta e sete tratados de várias ordens da *Mischná*. Reúne quase seis mil páginas e cerca de dois milhões e meio de palavras. É ponto pacífico que não foi composto de uma só vez ou por um único grupo de redatores, mas que se foi constituindo desde os tempos de Rav e Samuel no século II, por acréscimos contínuos de gerações de glosadores e hermeneutas, tais como Rav Huna e Rabi Iehudá ben Ezekiel, Rabá Nahamani e Iossef ben Hia, Abaie e Rava, Papa e Nachman ben ItzhaK, das *ieschivot* de Nehardéia, Sura e Pumbedita, cada qual inscrevendo no *corpus* as suas questões e soluções, até que no curso do século VI foi compilado primeiro por Rabi Aschi (352-447), da academia de Sura, depois por Meremar e Ravina ben Huna, cujo sucessor, Iosse, declarou, no ano 500, o Talmud oficialmente encerrado. Assim chega ao termo a era dos Amoraítas babilônicos, mas o *Bavli* sofreu ainda várias adições e a revisão de uma série de intérpretes posteriores, os Saboraítas (de *saboraim*, "opinadores"), que no começo do sexto século de nossa era lhe deram os derradeiros retoques.

Além dos textos talmúdicos, o período amoraíta produziu importante literatura midráschica, cristalizando inclusive, com o proêmio introdutório à homilia, o modelo clássico deste gênero que seria cultivado ininterruptamente até os *ialkutim*, antologias dos séculos XIII e XIV, senão até os nossos dias. De origem palestinense, em boa parte, e contendo extratos anteriores à época das *guemarot*, este material, que, ao contrário dos *Midraschei Halahá*, é puramente agádico, foi reunido a partir do século VI em coletâneas que se agrupam às vezes em ciclos inteiros, como o do *Midrasch Rabá* ("Grande Midrasch"), o do *Tankhuma-Ielamdeinu* e o da *Pessikta*. Dois tipos de *midraschim* o compõem: os exegéticos ou expositivos, ao modo tanaítico, que figuram no *Bereschit Rabá* sobre o *Gênese* e o *Ekha Rabá* sobre as *Lamentações*; e os homiléticos, que se encontram na *Pessikta* ("Secção") ou *Pessikta de-Rav Kahana*, no *Vayikra Rabá* sobre o *Levítico* e *Tankhuma* (em várias redações) sobre o Pentateuco.

Embora a prosa das *agadot* tenha concentrado o essencial da expressão criativa na literatura dos rabis, a tradição poética não foi interrompida, como testemunham as preces incorporadas à liturgia e os elogios fúnebres preservados no Talmud. Lavradas em hebraico mischnaico com mesclas de linguagem das Escrituras, tais composições em versos curtos e rimas simples, mas sem os paralelismos da poesia bíblica, guardam ainda assim continuidade com esta, não tanto pelos empréstimos lingüísticos, quanto pelo poder de enformar a emoção e o pensamento religioso, o que lhes dá, por outro lado, um valor literário próprio.

Menção deve ainda ser feita a uma literatura profana em verso e prosa, da qual nada restou afora referências a trezentas fábulas sobre raposas, *meschalei schualim*, atribuídas ao tanaíta Rabi Meier, e à inserção de lendas e narrativas populares no Talmud.

PERÍODO GAÔNICO

Em importante *Igueret,* "Epístola", endereçada a Iaakov ben Nissim de Cairuã, Rav Scherira ben Hanina (falecido no ano 1000) explica a história do Talmud e faz um relato da atividade literária subseqüente, que é o da era gaônica. O título de *gaon* ("excelência", pl. *gaonim*) era atribuído na época do Califado aos cabeças das academias babilônicas, particularmente as de Sura (589-1038) e Pumbedita (609-1034), aparecendo também na Palestina até a Primeira Cruzada. Chefes espirituais dos centros mais importantes do judaísmo de então, sucessores dos mestres do Talmud e continuadores de sua elaboração haláhica, o ensinamento e o julgamento, especialmente os pareceres dos *gaonim* foram reconhecidos pela maior parte da Diáspora, tanto mais quanto vários deles, sobretudo os da fase final, como Saadia, Hai e outros, se notabilizaram pelo saber não só tradicional e religioso, como profano e filosófico. E esta autoridade, por seu turno, contribuiu decisivamente para a adoção da lei talmúdica por quase todo judaísmo, apesar de fortes oposições sectárias que se consubstanciaram principalmente no Caraísmo, movimento desencadeado por Anan ben David (século VIII), que no seu *Sefer ha-Mitzvot* ("Livro, dos Preceitos e Deveres") recusou validade ao conjunto da Lei Oral.

Os próprios *gaonim* dedicaram-se em essência à *halahá*, interpretando, aplicando e codificando o direito talmúdico. Na sua função, recebiam consultas de quase todas as comunidades judaicas sobre matéria jurídico-religiosa, consuetudinária, questões práticas etc. Daí resultou a literatura das *Responsa*, que consigna a pergunta dirigida à autoridade rabínica e a sua resposta pessoal e direta. Na época gaônica, ela foi escrita em hebraico, aramaico e árabe. Uma vasta coleção destas *Scheeilot u-Teschuvot* ("Perguntas e Respostas") foi reunida pelo último *gaon* de Sura, Hai ben Scherira (939-1038).

As *Responsa* envolviam muitas vezes aspectos controversos, sem respaldo talmúdico. Tais casos eram submetidos, em reuniões semianuais, à consulta (*scheilta*) dos membros das *ieschivot*, a fim de que recebessem uma definição formal e aprovação. Exposições desta natureza e ordenadas segundo os capítulos da leitura semanal do Pentateuco, compõem as *Scheiltot* de Rav Ahai (aspirante ao gaonato, morreu em 752). Seu contemporâneo, Iehudai Gaon (morreu em 760), organizou compêndios de regras práticas, as *Halahot*. Atribuíram-lhe também as *Halahot Guedolot* ("Grandes Normas"), mas o autor deste importante epítome do material haláhico do Talmud foi, ao que parece, Simão Kaiara (c. 900). No trabalho de codificação gaônica, figuram ainda, além dos sete "pequenos tratados" sobre Prosélitos, Samaritanos, Escravos, Livros da Torá, Filactérios, Tzitzit (franjas prescritas) e *Mezuzá* (signo do umbral judeu), os *Perakim* ("Capítulos") do *gaon* Ben Baboi (c. 800) — destinados aos doutos da Palestina, para que aceitassem a *halahá* babilônica — o *Sidur*, a ordenação litúrgica feita a pedido de uma comunidade espanhola por Amram, *gaon* de Sura (c. 865), o *Kitab asch Scharai* ("Livro dos Preceitos") de Rabi Samuel ben Hofni (Sura, morreu em 1034) — amplo código redigido em árabe e depois traduzido para o hebraico, do qual restam fragmentos sobre ritual e direito — o *Sefer ha-Makach ve-ha-Mimkar,* tradução hebraica de um "Livro de Compra e Venda" ou "Livro de Mercadorias", que Rabi Hai escreveu em árabe juntamente com outros tratados de direito talmúdico, hoje perdidos.

Apesar da preponderância babilônica na época dos *gaonim*, a Terra Santa continuou a desempenhar função própria e ponderável na produção cultural judaica. Assim, na época de Justiniano e, sobretudo, após a conquista árabe, iniciou-se aí um processo de revitalização do hebraico. Os seus efeitos fizeram-se sentir menos no terreno da preceituação talmúdica do que no da criação midráschica e poética-litúrgica. De fato, a *halahá* desenvolvida na academia que se estabeleceu em Jerusalém e cujo chefe assumiu o título de *gaon,* ou na de Tiberíades, exerceu um papel de importância bastante reduzida em comparação com a da Babilônia, mesmo porque se traduziu em um número muito escasso de obras (vários dos "pequenos tratados", entre os quais o dos *Soferim*, "Escribas", sobre as normas de grafar os livros da Escritura).

Mas bem mais fecunda é, neste período, a produção da escola palestinense em outros domínios. Sua elaboração agádica, que teve no Midrasch uma forma de expressão preferida, deu origem a muitas coletâneas, algumas das quais foram desenvolvidas ou reunidas só mais tarde (até o século XII) e às vezes já na Europa (sobretudo no sul da Itália). Dentre estes *midraschim*, há os expositivos

(*Schir ha-Schirim Rabá* sobre o *Cântico dos Cânticos*, *Kohelet Rabá* sobre o Eclesíastes e outros sobre *Ester, Rute, Salmos,* etc.) e há os homiléticos (*Pessikta Rabati* (c. 800), *Schmot Rabá* sobre o *Êxodo*, *Be-Midbar Rabá* sobre os *Números* e *Dvarim Rabá* sobre o *Deuteronômio*). Do gênero midráschico, ainda, mas com particular entonação mística, são os *Pirkei de-Rabi Eliezer*, "Capítulos" atribuídos pseudepigraficamente ao Tanaíta do mesmo nome. Na verdade, a corrente mística já era muito antiga e numerosas referências nos escritos talmúdicos o provam, mas foi o meio palestinense da época gaônica que gerou os primeiros tratados desta natureza, a saber, vários livros das *Hehalot*, a especulação sobre os "Átrios" que conduzem ao Trono de Glória, e o *Sefer Ietzirá* ("Livro da Criação"), uma obra que sintetiza, no plano cosmológico, as principais tendências da Gnose talmúdica e gaônica.

As manifestações de vitalidade do fator hebraico em seu lugar de origem não foram menos sensíveis na poesia. Em conexão com a tarefa sinagogal de compor aditamentos poéticos à liturgia de certos sábados e dias festivos surgiu na época bizantina, provavelmente, a figura do *paitan* (do grego *poietis*) ou, pelo uso babilônico, *paitana* ("poeta") autor do *piut*, "poesia". Assim começou a definir-se um tipo de poema devocional que se tornaria um dos principais e dos mais cultivados do hinário sacro judeu. Sob influência quiçá bizantina e síria, mas com certeza árabe, os *paitanim* abandonam a simplicidade dos modelos bíblicos, ainda predominantes no verso talmúdico. Não só lançam mão de um vocabulário cujo repertório de hebraico (da Bíblia, da Mischná e dos *midraschim*) e de aramaico é enriquecido por numerosos neologismos e barbarismos, como complicam a estrutura estrófica por um virtuosismo que se põe a cinzelar rimas e refrões rebuscados, acrósticos e outros lavores, que a poesia bíblica não ignorava, mas que agora se multiplicam e refinam, a ponto de incluir mesmo o nome do poeta. Se este ainda não é o caso do mais antigo *paitan* que se conhece, Iosse ben Iosse (c. 600-650), pois os seus *piutim* não trazem quaisquer inovações, Ianai (c. 700 e seu discípulo Eleazar ha-Kalir (c. 750), o maior destes liturgistas, desviam-se da tradição e criam, com a exuberância de sua linguagem e os recursos de metro e rima, um novo padrão poético, em que pese uma recorrente obscuridade de expressão e artificialidade de construção e de referência a versículos bíblicos.

No período gaônico, assinala-se, ainda na Terra de Israel, o trabalho realizado com o fito de fixar e preservar os Livros Sagrados. Desde o tempo dos Tanaítas e Amoraítas, o problema era estudado e foi em função desse interesse que se desenvolveu, por um longo e complexo caminho, a disciplina da Massorá ("Tradição"). Esta espécie de estabelecimento crítico do texto bíblico tinha um sério obstáculo na escritura consonantal do hebraico e só depois que se conseguiu assentar um sistema de signos de vocalização e acentuação, pôde ela assegurar-se da continuidade de leitura a que aspirava. Para tanto, foi decisiva a contribuição dos massoretas de Tiberíades, entre os quais, a partir do fim do século VIII, as seis gerações da família Ascher e, sobretudo, Aarão ben Mosché ben Ascher (século X). Este, além de vários estudos sobre o assunto, coletados nos *Dikdukei ha-Teamim* ("Particularidades dos Acentos"), fez uma edição da Bíblia que serviu de códice-padrão para as sucessivas transcrições manuscritas e que foi considerada um dos principais fechos do edifício massorético.

Aí, como em outras expressões da atividade intelectual da era dos *gaonim*, já é sensível o papel da cultura que, após a expansão militar e religiosa do islamismo, os árabes promoveram. Na vida judaica, cujos centros vitais passaram a falar a língua arábica, ela foi veículo de idéias e obras que operaram transformações incisivas nos modos consagrados de pensamento e escritura literária e abriram horizontes até então inexplorados. De fato, é no fim do século VII, com o médico Masriawai de Baçorá, que começa entre os judeus a literatura científica, ao passo que o exame filosófico dos fundamentos da fé encontra nos Vinte Tratados (*Ischrun Makalat*) de David ibn Merwan al-Mukamis da Babilônia (séculos IX-X) o seu primeiro marco conhecido. O desenvolvimento da indagação racional sobre o caráter do monoteísmo e da religião de Israel e sobre a natureza do hebraico e da linguagem bíblica será também fortemente estimulado pela polêmica exegética, litúrgica, ritual e teológica dos Caraítas contra os Rabanitas, isto é, os adeptos da legislação rabínica. Os paladinos do caraísmo, como Biniamin Nahavandi e Daniel al-Kumisi, comentadores e eruditos do século IX, Sahl ben Masliach, representante caraíta na controvérsia com Saadia Gaon, e Abu Iossef Abu Iakub al-Kirkisani (século X), polígrafo e autor do *Livro das Luminárias* ("*Kitab al-Anwar ve-al-Marakib*"), do mesmo modo que os expoentes da exegese racionalista da Bíblia, tais como Hivi al-Balkhi (século IX), utilizaram-se com tanta proficiência dos métodos críticos aperfeiçoados na *schola* árabe que seus adversários se viram forçados a empregar a mesma arma, com o que enveredaram para os estudos sistemáticos da filosofia religiosa, hermenêutica, filologia etc. E foi das fileiras do judaísmo oficial que saiu a maior figura intelectual deste processo: Saadia ben Iossef al-Faiumi (882-942), *gaon* de Sura.

Esta notabilidade ele não deve apenas à sua obra de polemista rabínico em face do cisma caraíta (*Kitab Arrud illa Anan*, "Livro de Refutação de Anan") ou das inovações propostas por Aarão ben Meir, *gaon* da Palestina, no tocante ao calendário judaico (*Sefer ha-Moadim*, "Livro das Festas"). Os assuntos que Saadia abordou, em hebraico, aramaico e sobretudo árabe, abrangem enciclopedicamente os interesses espirituais do judaísmo de seu tempo. Em sua larga produção, hoje perdida em parte, destacam-se: as traduções arábicas da Bíblia (o memorável e popular *Tafsir*, "comentário", ainda em uso) e da *Mischná*; os comentários a livros do Velho Testamento, como o de *Daniel*, e a introdução ao Talmud (*Kitab al-Madkhal*); a ordenação litúrgica do *Sidur*, as codificações da lei talmúdica, como o *Kitab al-Mavarit* sobre o direito sucessório, e numerosa *Responsa*; o *Agron,* um grande léxico com definições em árabe, e o *Kitab al-Lugha* ou *Sefer ha-Laschon* ("Livro da Linguagem"), uma gramática, e outros trabalhos que o situam, ao lado de Ben Ascher de Tiberíades e Iehudá ibn Kuraisch de Torhot, entre os pioneiros da filologia hebraica; também valem menção os seus *piutim* pelas inovações que apresentam em matéria de linguagem, forma e idéias, bem como o seu *Kitab al-Tarikh* ("Livro de Cronologia"), uma crônica histórica em que mistura fatos do mundo e especificamente judaicos. Mas nenhuma destas contribuições pode ombrear-se com a que Saadia fez no domínio filosófico, escrevendo o comentário ao *Sefer Ietzirá* ("Livro da Criação") e, o seu *opus maius,* completado em 933, o *Livro das Crenças e das Opiniões* ou, como Ibn Tibon o denominou na sua tradução hebraica do original árabe, *Sefer ha-Emunot ve-ha-Deot*, pois com esta obra, em que confluem a Bíblia, a tradição judaica, o Kalam muçulmano e a filosofia grega, se inicia a indagação crítico-sistemática dos princípios da fé judaica e, com ela, a filosofia ou pelo menos a teologia judaica, num sentido mais estrito. Procurando dar uma base racional para a Torá, Saadia submete a exame o problema do conhecimento e da Criação, a natureza de Deus com seus mandamentos e a natureza do homem, delineando alguns dos principais pontos de discussão em que se empenhará o pensamento judeu durante a Idade Média, na sua tentativa de conciliar revelação e ciência, crença e razão.

Já em Saadia, natural do Egito, desvinculado das dinastias gaônicas e no entanto elevado ao gaonato, se expressa de certo modo não só a amplificação intelectual mas também a expansão geográfica da atividade cultural hebraica no período dos *gaonim*. Na verdade, o prestígio destes chefes espirituais e as condições imperiais da civilização islâmica com sua língua franca, o árabe, criaram um processo de comunicação e influências que incentivou o cultivo das disciplinas tradicionais e dos novos estudos judaicos, tanto nos centros babilônicos e palestinenses quanto nas comunidades de outras partes da Diáspora, notadamente da África do Norte e do sul da Europa. Desde o século VII, há menção no Egito a composições de *paitanim* e nos séculos VIII-IX são visíveis os sinais de estudos talmúdicos; é possível que o enigmático Eldad ha-Dani tenha redigido aí (ou na Itália do Sul), no século IX, o seu fantástico travelogue das Dez Tribos Perdidas, *Livro de Eldad,* e é certo que Dunasch ben Tamin escreveu no meio egípcio sobre lingüística, medicina, astronomia, filosofia, obra da qual restou apenas a sua glosa ao *Sefer Ietzirá*. Isaac Israel (855-950), que nasceu no Egito e viveu em Kairuan, foi autor célebre na Idade Média por seus tratados médicos e escritos de filosofia neoplatônica, entre os quais se salientam o *Kitab al-Hudud* (*Sefer ha-Guevulim*, "Livro das Definições") e o *Kitab al-Ustukussat* ("Livro dos Elementos"). De Kairuan também procede o *Sefer ha-Maassiot* ("Livro das Estórias"), obra em que Rabi Nissim ben Iaakov (século X) recontou livremente, para consolar o sogro enlutado, relatos do Midrasch, da *agadá*, bem como de fontes árabes, e que constitui o mais antigo exemplo hebraico de ficção em prosa para fins deliberadamente recreativos. No Marrocos, por volta de 900, Iehudá ibn Kuraisch *paitan* e gramático, advoga estudos comparados entre o hebraico, aramaico e árabe, e compõe, assim como David ben Abrão, um vocabulário da língua hebraica.

PERÍODO IBÉRICO

Itália. — Na época em que o sul da Itália era parte do Império Bizantino, a região foi palco da atividade poética de liturgistas como Schefatia ben Amitai (de Oria, m. 887) e seu filho Amitai (c. 900), que compuseram *piutim* no estilo da escola palestinense. Os comentários midráschicos aos escritos bíblicos e as glosas talmúdicas aos versículos escriturais originam um tipo de coletânea denominado *ialkut* ("bornal") e conhecido também em outras partes da Europa.

Ao par da literatura exegética e religiosa, desenvolve-se outra secular, com obras bastante expressivas que abordam, entre outros, o tema histórico. É o caso do *Iosefon* ou *Iosipon*, livro que gozou de grande popularidade durante muitos séculos. Atribuído a Flávio Josefo, que assume a figura pseudepigráfica de Iossef ben Gurion (e não *ben* ("filho" de) Matatias, como seria o certo), foi escrito entre 900 e 965. Trata-se, em essência, de um resumo das *Antiguidades Judaicas*, acrescido de informações colhidas em outras fontes (não apenas judaicas) e mesclado a material lendário e ficcional de diversas proveniências. Este fato não impede que os limites da simples crônica sejam ultrapassados no *Iosipon*. Bem estruturado na linha do tempo — que se inicia na Criação como é de hábito na época, e termina com a destruição do Segundo Templo — com excursos pela história de povos, como os persas, os gregos e sobretudo os romanos, que influíram decisivamente no destino da gente israelita, a obra apresenta amplitude e travejamento históricos, evoluindo ao ritmo de uma narração fluente que lembra o relato midráschico. Diferente é a crônica familiar *Sefer Iuhasin* ("Livro das Genealogias") de Ahimaaz de Oria (1054) que, em prosa rimada e florido estilo piútico, se constitui em precioso quadro da vida judaica no sul da Itália, durante dois séculos, e em valiosa fonte de subsídios sobre um período em geral bastante obscuro.

Em outros aspectos da produção judio-italiana de então, é notável o trabalho de gramática, o dicionário talmúdico que, sob o título de *Aruch*, comum a vários léxicos medievais, Natan ben Iehiel (1035-1106) escreveu. Encontramos também obras de medicina e farmacologia, como o *Sefer ha-Iakar* ("Livro Precioso") de Schabetai Donnolo, de Oria (913-938), autor outrossim de um comentário ao *Sefer Ietzirá*, onde introduz pela primeira vez na teologia judaica, o paralelismo entre o homem como microcosmo e o mundo como macrocosmo da Criação divina. A hermenêutica talmúdica foi enriquecida por comentaristas, tais como Rabi Mosche Iekutiel, Rabi Ieschaia de Trani (1180-1260), que escreveu numerosas *Tosafot* ("Aditamentos"), sendo o maior expoente italiano da escola exegética do Raschi (v. *França*). Sob a influência da Cabala, Menahem ben Benjamim Recanati (fim do século XIII — início do séc. XIV) redigiu comentários místicos ao Pentateuco (*Perusch ha-Torá*) e os *Taamei ha-Mitzvot* ("Razões dos Mandamentos"), onde recolhe as doutrinas de numerosos cabalistas.

Ao Rabi Hilel ben Samuel de Verona (c. 120-c. 1295) deve-se as *Tagmulei ha-Nefesch* ("Compensações d'Alma"), que sob a égide de Maimônides aborda os problemas da natureza da alma e do intelecto, bem como o da recompensa e imortalidade da alma em sua união final com o "Sehel ha-Poel" ("Intelecto Ativo"), constituindo uma das primeiras contribuições rigorosamente filosóficas entre os judeus italianos.

A prosa rimada tem na sátira sobre a arrogância dos ricos e nobres, *Massa Guei Hizaion* ("Oráculo do Vale da Visão"), de Benjamim ben Abraão Anav (c. 1215-c. 1295 *paitan* com seu irmão Moisés, que compôs numerosas *selihot* e *kinot*), e no *Machberet ha-Tene,* ("Makama do Canastro"), uma viagem alegórica ao Paraíso, de Ahitub de Palermo (sécs. XIII-XIV), duas obras que apresentam não só interesse documental e histórico, como literário. Mas é com as *Machbarot* de Emanuel ben Salomão de Roma (1270-1330) que o gênero atinge o seu nível poético mais elevado, não só na Itália. Percorridos por um fio narrativo que reúne numa estrutura única poemas de amor, cantos báquicos, epigramas, elegias e estrofes piedosas, estes versos se distinguem pela liberdade de linguagem e habilidade composicional, pelo agudo humor satírico e intensa sensibilidade erótica. O *Machberet ha-Tofet ve ha-Eden*, na esteira da *Divina Comédia*, peregrina pelo inferno e pelo céu. Sob a influência da poesia profana hebraico-espanhola, particularmente de Al-Harizi, e do "novo estilo" de Dante e Petrarca, Manoello Giudeo, como era também chamado, é já um anúncio hebraico do Renascimento italiano.

França. — A literatura hebraica encontra aí, na escola exegética do Raschi, abreviatura de Rabi Salomão ben Isaac, de Troyes, 1040-1105), uma das expressões mais relevantes, pois, centrando a investigação hermenêutica na meticulosa análise da linguagem do texto, buscando o nexo direto da passagem talmúdica e ilustrando o sentido imediato (*peschat*) do versículo bíblico com o *midrasch*, como no seu comentário ao Pentateuco, abriu novos caminhos para o entendimento erudito e popular das escrituras fundamentais do judaísmo. Com os netos do Raschi, Samuel ben Meir (c. 1085-1174) e Iaakov ben Meir, cognominado Rabeinu Tam (1100-1171), que também são dois dos principais "tosafistas" (de *Tosafot*, "aditamentos" ao comentário de Raschi sobre a *Guemará*), o método da exegese literal da escola francesa do Norte atinge o apogeu.

Na codificação e glosa puramente talmúdicas, vale também consignar a produção meridional: Abraão ben Isaac de Narbona (c. 1110 - c. 1180) suplementou a grande ordenação de Al-Fasi com um vasto compêndio *Eschkol* ("O Cacho"); seu discípulo e genro Abraão ben David de Posquières (c. 1123-1198), escreveu muitos *Hiduschim* ("Novellae" ao Talmud) e obras sobre a *halahá*, salientando-se por suas *Hassagot* ("Notas Críticas") a Al-Fasi e Maimônides, em que se opõem à codificação do judaísmo, por lhe parecer este uma religião de atos e não de dogmas. De outra parte, o gênero midráschico continua a gozar de grande popularidade e é enriquecido por novas compilações, como o *Bereschit Rabati* ("Grande Gênese") da escola de Mosché ha-Darschan de Narbona (s. XI) e, posteriormente, por várias antologias do tipo *ialkut*.

No sul da França, em que fervilham heresias e indagações religiosas e filosóficas, a mística judaica encontrou um terreno fecundo. Os escritos esotéricos do Oriente, para aí transplantados, propiciam especulações que preparam o terreno para o período clássico da Cabalá espanhola, como atestam a tradição de Isaac o Cego (c. 1160-1235), filho de Abraão ben David de Posquières e figura central das buscas místico-pietistas desta fase, e a gnose do *Livro Bahir* ("Livro Fúlgido"), obra surgida no meio provençal por volta de 1200 e que desempenhou o papel de principal autoridade escrita cabalística até o advento do *Zohar*.

Por outro lado, com a pressão exercida sobre os judeus de Espanha, em meados do século XII, houve deslocamentos de eruditos rumo ao Norte, e a região sul da França passou a ser intermediária da cultura hebraico-árabe e o mundo europeu ocidental e central. A língua árabe, que era o meio de expressão dos sábios íbero-judeus, foi se eclipsando no âmbito judaico com o declínio do poder islâmico na Península. Daí surgiu a necessidade de transpor para o hebraico o vasto acervo acumulado. Nesta tarefa ganhou particular destaque a família dos Tibônidas, que se transferira da Espanha para Lunel, na Provença. Iehudá ibn Tibon (1120 - c. 1190) e seu filho Samuel (1150-1230) efetuaram as traduções clássicas do *Kuzari* de Iehudá ha-Levi, do *Emunot ve-Deot* de Saadia Gaon, do *Moré Nevuhim* de Maimônides, além de obras de Aristóteles e seus comentadores árabes, de gramática e ciência. Moisés (c. 1220 - c. 1283), filho de Samuel, verteu o *Sefer ha-Mitzvot* de Maimônides, e Iaakov ben Mahir (1236-1304), neto de Samuel e professor em Montpellier, livros de astronomia, matemática e outras ciências. Por fim, o genro de Samuel, Iaakov ben Aba Mari Anatoli (1194-1285) foi o tradutor para o hebraico do *Almajesto* de Ptolomeu, de livros de astronomia de Averroes e Al-Fargani, dos *Silogismos* de Al-Farabi e outras obras do saber árabe, sendo quase certo que os tenha transposto também para o latim, a pedido de Frederico Barbarossa.

Outra família de origem espanhola, que se distinguiu no sul da França, em Narbona, foi a dos Kimhi. Tanto Iossef (1105-1170), quanto seu filho Moisés, foram exegetas, liturgistas e principalmente gramáticos, dividindo com Abraão ibn Ezra o mérito pela propagação de novas doutrinas filológicas. Neste terreno, porém, a palma coube a David Kimhi, irmão de Moisés, (1160-1235), pois escreveu o *Miklol* ("Inteireza"), compêndio composto de duas partes, gramática e léxico (*Schoraschim*, Livro das Raízes), que se tornou um clássico da filologia hebraica. Também gozaram de fama suas glosas escriturais e foi polemista hábil, não só no seu livro de *Milkhamot ha-Schem* ("Guerras do Santo Nome") com a fé cristã, mas também na defesa do racionalismo maimonista.

Na verdade, o Languedoc e a Provença foram, ao lado da Espanha, a grande arena do embate entre adeptos e inimigos do aristotelismo do *Guia dos Perplexos*. Este, em boa parte devido aos trabalhos dos Tibônidas e dos Kimhi, fixou aí raízes profundas que frutificaram na obra de um Iossef Caspi (1280-1340), averroísta e maimonidiano como Moisés de Narbona (m.c. 1362), autor de um importante comentário ao Rambam, e especialmente no magnífico labor de Levi ben Gerson de Bagnols, o Gersônides (1288-1344), o único pensador judeu depois de Maimônides que se lhe pode comparar. Grande matemático, astrônomo e físico, comentador de Averroes, original exegeta bíblico de linha racionalista, tratou, no seu principal trabalho filosófico, o *Milkhamot Adonai* ("Guerras do Senhor"), com inteira autonomia, de todos os problemas que, a seu ver, a filosofia maimonidiana não resolvera a contento, no plano da alma, da profecia, do saber divino, da Providência, dos espíritos das esferas, da criação e do milagre, itens que compõem as seis partes desta obra.

Ao quadro desta rica cultura sob tutela sefardita, não faltou por certo a expressão poética hebraica, seja religiosa seja profana. Se na primeira as entonações principais derivam das vivências devocionais do Norte, na segunda prevalecem as notas arabizantes, com alguns timbres da poesia provençal. Assim, as características hispânicas marcam as composições de Zerahia ha-Levi (m. 1186), Meschulam da Piera (prim. met. do séc. XIII), de Abraão Bedersi de Béziers, também lingüista importante (m.c. 1300), e de seu filho Jedaia, cognominado ha-Penina, isto é, o "Boca de Pérola" (sécs. XIII-XIV), famoso principalmente por seu *Behinat Olam* ("Exame do Mundo"), uma meditação ética cujo apuramento estilístico atinge por vezes as raias da poesia sem rima e sem metro, e autor também de *Oheb Naschim* ("O Filógino"), *makama* (v. Espanha) satírica que toma a defesa das mulheres. Na prosa rimada, ainda, Kalonimos ben Kalonimos, de Arles (n. 1286), escreveu uma crítica de costumes sob a forma de paródia ao texto talmúdico dedicado à festa de Ester, como evidencia o título da obra, *Masseket Purim* ("Tratado de Purim"), bem como uma sátira didática, *Eben Bohan* ("Pedra de Toque"), Levi ben Gerson, o filósofo, utilizou em *Meguilat Setarim* ("Rolo dos Segredos") a máscara estilística do Midrasch para obter efeitos humorísticos, e, na prosa, Berahia ben Nitronai ha-Nakdan (séc. XIII), elaborou, à base de contos populares europeus e de fontes hebraicas, os *Mischlei Schualim* ("Fábulas da Raposa"), que foram altamente estimadas.

Alemanha ou Aschkenaz — Com o estabelecimento de academias talmúdicas nas urbes alemãs, a de Mogúncio se sobressai devido à figura de Rabi Guerschon ben Iehudá (n. Metz, 960-1040), muito apreciado por sua atividade haláhica, assim como pela sensibilidade religiosa, pulsante ,em seus *piutim,* que instituem o padrão europeu do gênero: emoções personalizadas, linguagem simples e estrutura poética sem grandes floreios nem complicações. Os comentários elaborados nas *ieschivot* da Alemanha, juntamente com as da França, constituíram as *Tosafot* ou glosas desenvolvidas através dos *Hiduschim* (discussão teórica e inferência de novos princípios, "novellae") e dos *Pessakim* (formulações e atualizações da lei, "decisões") e adicionados mais tarde ao Talmud babilônico. Isaac ben Ascher ha-Levi (c. 1150) e Meir de Rotenburgo (1215-1293) — que se destacou também como liturgista — foram personalidades de proa entre os tosafistas alemães, cujo último representante será Rabi Ascher ben Iehiel (m. 1328), pai de Iaakov ben Ascher, que emigrou para a Espanha e aí se notabilizou como autoridade na Lei. A esta produção de hermenêutica haláhica, acrescente-se o intenso cultivo do Midrasch agádico, entre cujos frutos figura a grande compilação do *Ialkut Schimoni,* no qual Simão Karo (séc. XIII) reuniu expressões e interpretações sobre todos os vinte e quatro livros da Bíblia hebraica, estabelecendo um verdadeiro marco da fase derradeira da criação propriamente agádica.

Menção especial merece a literatura surgida com as Cruzadas que semearam o terror e o martírio entre as comunidades judias da Alemanha. Na atmosfera de desespero e intensa devoção religiosa daí decorrentes, germinou um movimento místico-ascético, que, reinterpretando escritos de Saadia Gaon e abeberando-se tanto na tradição cabalística judaica quanto no ascetismo cristão da época, produziu um gênero de criação literária bem definido, a *Hassidut,* o pietismo. As expressões mais importantes destas buscas espiritualistas são, afora uma poesia sinagogal onde se salientam preces e *selihot* (orações penitenciais de tipo piútico) das mais inspiradas do devocionário judaico, o *Sefer Hassidim* ("Livro dos Piedosos"), meditação mística e ética de Rabi Iehudá ben Samuel, ha-Hassid ("O Piedoso"), de Regensburgo (m. 1271), um S. Francisco de Assis judeu, que também foi objeto de uma "vida de santo" contida nos relatos do *Sefer Maasse* ou *Maasse Buch* ("Livro de Histórias"). Ao redor de Samuel ha-Hassid, pai de Iehudá, congregou-se um círculo de sábios pietistas, entre eles, Eleazar ben Iehudá de Worms (fal. 1283), parente e discípulo principal de Iehudá, que compôs ampla literatura hassídica, sobressaindo-se o *Sefer ha-Rokeach* ("Livro de Eleazar o Farmacêutico") e o *Sefer Mitzvot Gadol* ("Livro dos Grandes Deveres e Ações Piedosas"). Do mesmo círculo fez parte ainda Petahia de Ratisbona, que escreveu na segunda metade do século XII um interessante "Itinerário" das viagens que efetuou pela Rússia e países do Oriente.

Espanha ou Sefarad — O contato entre judeus e árabes mostrou-se particularmente fecundo para a literatura hebraica na península ibérica. Aí, entre 900 e 1200, uma rica efusão cultural, que abrangeu os principais domínios da vida espiritual da época, se constituiu numa verdadeira Idade de Ouro da criação literária judaica. Filosofia, teologia, poesia, filologia, ciências médicas, matemática, astronomia, exegese bíblica e talmúdica, crônica histórica encontraram então representantes excepcionais.

O califado de Córdoba, ao tempo de Abd al-Rachman III (912-961) e al-Hakim II (961-976), foi um dos fatores deste surto, graças a Hasdai ibn Schaprut (915-970), vizir e poeta. Segundo Moisés ibn Ezra em seu *Kitab al-Muhadara ba-le-Mukadara* ("Livro de Discussão e Lembrança"), que descreve a história literária hebraica até o seu tempo (c. 1140), o mecenato de Hasdai atraiu numerosos letrados judeus, entre os quais Menahem ben Saruk de Tortosa (c. 910 - c. 970) e Dunasch ibn Labrat de Fez. O primeiro, além de versos de louvor e elegíacos, escreveu o *Machberet* ("Cadernos"), o mais antigo dicionário hebraico-hebraico, fazendo escola nos estudos lexicográficos. Mas seu rival junto ao vizir, Dunasch, educado em Bagdá e discípulo de Saadia, o superou em matéria poética, que impregnou de formas e métrica árabes, como a estrutura monorrímica da *kasida*. Tais inovações, ainda bastante artificiais nos seus pioneiros, foram rapidamente assimiladas e difundidas na *ars poetica* hebréia da geração seguinte, a de Isaac ibn Chicatela e a de seu contemporâneo mais jovem, Isaac ibn Halfon (950? - 1020?), poeta errante e o primeiro na literatura judaica a ganhar o sustento com versos compostos para ricos correligionários. O novo estilo poético fertilizou não só o temário profano, que se desdobrou em cânticos eróticos, báquicos, marciais, satíricos, mas também a poesia religiosa que, em parte, adotou os novos esquemas, embora continuasse a cultivar o *piut* de moldes tradicionais. Tudo isso veio infundir novas energias ao velho idioma bíblico, impulsionando o interesse pelas pesquisas filológicas. É então que, a exemplo dos gramáticos árabes, surge um tratamento sistemático e mais científico dos problemas da lingüística hebraica. De particular importância é, neste campo, a contribuição de Iehudá Haiuj (séculos X-XI), discípulo de Menahem ben Saruk, que descobriu a lei da composição triliteral dos radicais hebraicos, fato decisivo para o ordenamento das conjugações verbais. Este trabalho foi desenvolvido e complementado por Abu al-Walid ibn Ianach de Córdoba (990-1050), que elaborou, entre outras obras, o *Kitab al-Mustalak* (hebr. *Sefer ha-Hassagá,* "Livro de Crítica"), onde critica e suplementa o trabalho de Haiuj, e o *Kitab al-Tankih* ("Livro da Pesquisa Minuciosa"), traduzido por Ibn Tibon como *Sefer ha-Dikduk* ("Livro da Gramática"), do qual consta a primeira exposição completa da gramática hebraica, o *Kitab al-Luma* ("Livro do Canteiro de Flores Variadas") e um dicionário completo de hebraico bíblico, o *Kitab al-Usul* ("Livro das Raízes").

Na esfera da erudição e das letras, Samuel ibn Nagrela ha-Naguid (993-1056), vizir dos Taifas de Granada, não foi apenas um generoso protetor do saber e da arte de outrem, uma vez que ele próprio escreveu estudos gramaticais e introduções talmúdicas, bem como um importante *divan* poético. Além do mais, as mercês de Samuel ha-Naguid, ao que parece, e certamente as de Ikutiel ibn Hassan, outro mecenas hebreu, prestaram amparo à criatividade filosófica e literária de uma das figuras marcantes desta época áurea do espírito sefardita. Pois Salomão ben Iehudá ibn Gabirol (1020 - c. 1058), conhecido por seu nome latino de Avicebron, não só deu ao pensamento judeu uma das mais conseqüentes exposições de metafísica neoplatônica, a famosa *Fons Vitae (Mekor Haim,* tradução hebraica de um original arábico, perdido) que muito influenciou a Escolástica cristã do medievo, mas também produziu uma lírica profana e religiosa (como a célebre *Keter Malkhut,* "Coroa da Realeza") que, pela pujança da imagística e força da linguagem, pela sábia integração da metrificação árabe e da rima sistemática, só vai encontrar paralelo na poesia de um Moisés ibn Ezra ou de um Iehudá ha-Levi. Pouco depois de Ibn Gabirol, Rabi Isaac ibn Gaiat de Lucena (1038-1089), que, segundo o testemunho de Moisés ibn Ezra, "dominou os segredos da língua hebraica e da língua aramaica, escrevendo diferentes composições literárias e poesias brilhantes", seguiu o estilo tradicional dos *paitanim* nas peças devocionais, sem contudo deixar de exprimir-se, quanto ao mais, nos termos próprios de seu tempo. Seu contemporâneo, Isaac ben Reuven ha-Bargeloni (1043-1103), foi igualmente liturgista e comentador do Talmud, assim como Isaac al-Fasi (1013-1103), o renomado codificador talmúdico do *Sefer Halahot* ("Livro dos Preceitos"), com quem Ibn Gaiat polemizou.

Com Moisés ibn Ezra (1070 - c. 1140), autor do já citado *Kitab al-Muhadara,* resenha histórica e análise crítica em que se reivindica uma espécie de retórica da Bíblia, o processo de amadurecimento intelectual e refinamento formal da poesia hebraica, atinge um momento de síntese feliz, gerando uma excepcional qualidade poética que, no *Tarschisch* ou *Sefer ha-Anak* ("Livro do Colar"), sua obra-prima, e nas coletâneas litúrgicas, plasma tanto as celebrações da primavera, do amor e do vinho, quanto as devotas *selihot,* tanto as meditações sobre os temas da vida, como no *Sefer ha-Anak,* e as elegias sobre o destino do homem, quanto os cantares à glória da Divindade, como no *Maamad* do Dia da Expiação. Ao nível de Moisés ibn Ezra, só um nome se eleva no mesmo período: o de seu amigo e talvez discípulo Iehudá ben Samuel ha-Levi (1075-?), considerado o maior poeta hebreu da Idade Média. Se bem que alguns críticos vejam em muitas de suas estrofes a realização menor de uma arte cortês, de sentimentos convencionais, dominada por padrões de gosto inteiramente árabes e destinada a um círculo restrito de iniciados, não há dúvida que uma parte fundamental de sua vasta obra, sobretudo a que lida com o temário sacro e nacional, não pode sofrer tais reservas. Nas preces e hinos culturais, como na soberba *Keduschá* ("Santidade") para o Dia do Jejum e, particularmente, nas *Siônidas,* Iehudá ha-Levi dá voz e imagem, com um *pathos* poético que não soava em hebraico tão eloqüente desde os tempos bíblicos, ao sentimento de devoção religiosa, amor místico e esperança messiânica do judaísmo de sua época. Por outro lado, pode-se dizer que esta poesia, centrada no anseio de redenção e reunificação de Israel em Sion, é o latejamento lírico dos conceitos do sionismo teológico que o poeta formulara em sua reflexão filosófica do *Sefer ha-Cuzari* ("Livro do Cazar", escrito em árabe). Crítica, nos termos de al-Gazali, às pretensões da razão nos domínios privativos da revelação, isto é, os da doutrina religiosa e da natureza de Deus, exposição de um sistema filosófico-religioso, o famoso diálogo do rei dos Cazares com o sábio judeu é, acima de tudo, o "Livro da Prova e do Fundamento em Defesa de uma Religião Desprezada", como reza o subtítulo.

A corrente do neoplatonismo, a que se liga de certo modo o pensamento de Iehudá ha-Levi, já inspirara anteriormente as buscas ascéticas, de impregnação sufita, e os exercícios devocionais, vinculadas ao pietismo judaico, do *Livro de Ensinamentos dos Deveres do Coração* ("Sefer Torot Hovot ha-Levavot", traduzido em hebraico a partir de um original árabe) do juiz e *paitan* granadino Bahia ibn Pakuda (1040 ?-1110 ?), a quem se atribuiu erroneamente o *Kitab Maani al-Nafs* ("Livro dos Ensinamentos da Alma", em hebraico *Sefer Torot ha-Nefesch*), escrito entre os séculos XI e XII, com um caráter mais popular e religioso do que filosófico. Em hebraico também foram compostos tratados de ética, como é o caso do *Sefer ha-Mussar* ("Livro da Moral"), de Isaac Crespin (séc. XII). Abraão bar Haia ou Hiya, de Barcelona (primeira metade do século XII), autor de *Meguilat ha-Magale* ("Rolo do Revelador"), uma especulação escatológica, e *Heguion ha-Nefesch ha-Atzuva* ("Meditação da Alma Triste"), um tratado ético-homilético, utilizou o hebraico mischnaico em suas notáveis contribuições para a matemática, astronomia e filosofia. Neste último terreno, Bar Haia combinou, numa reflexão eminentemente pessoal, elementos neoplatônicos e aristotélicos. Com um peso algo maior de influência do Filósofo, sobretudo de sua física, mas em essência esteado na metafísica platônica e plotiniana, Iossef ibn Tzadik (morreu em 1149) reuniu no *Microcosmo* ("Olam Katan", trad. do árabe) um compêndio de filosofia, ciência e teologia de seu tempo.

É desse período a vastíssima produção científico-literária de Abraão ibn Ezra de Tudela (c. 1090-1168), típico *wandering scholar* medieval, que se não viajou tanto quanto o seu contemporâneo e conterrâneo Benjamin de Tudela (c. 1100), o Marco Polo judeu, conheceu numerosos países, ao mesmo tempo que cultivou com raro brilho os mais variados campos e foi um dos principais ascendentes da crítica racional dos textos sagrados, a ponto de Spinoza se lhe reportar, muitos séculos depois. Poeta notável, escreveu com maestria estilística e métrica, versos profanos de um encanto excêntrico sulcado de humor e composições religiosas de grande espiritualidade. Particularmente comovedoras são suas poesias de desterro e *kinot*, elegias, que pranteiam o destino das comunidades judaicas destruídas pelo Almohadas.

Com as invasões dos Almohadas (1148) inicia-se a destruição das *aljamas* andaluzas e os judeus se dirigem para os reinos cristãos, colaborando com a Reconquista. Se por um lado ocorre nesse tempo o enfraquecimento da produção literário-poética, por outro surge uma pronunciada tendência para o trabalho filosófico-intelectual, seja de natureza lógica e racional, seja de natureza especulativa e mística. O primeiro aspecto, preocupado em harmonizar fé e intelecto, desenvolve-se particularmente sob a égide do pensamento aristotélico, que começa então a impor-se, no judaísmo como alhures, de forma avassaladora. Assim, após Moisés ibn Ezra, com o *Arugat ha-Bosem* ("Jardim das Especiarias", extratos hebraicos de uma obra em árabe, atualmente perdida) e Abraão ibn Ezra (em seus comentários bíblicos e no seu tratado ético-religioso sobre as *mitzvot* e os nomes divinos, *Iessod Morá ve-Sod Torá,* "Fundamentos do Temor a Deus e do Segredo da Lei"), ambos tidos como os derradeiros neoplatônicos propriamente ditos, surge o nome de Abraão ibn Daud ou Dawid (1110-1180?), de Toledo, autor de uma famosa crônica histórica *Sefer ha-Cabalá* ("Livro da Tradição", trad. do árabe) e, sobretudo, do *Al-Akidá ar-Rafiá* (na trad. hebraica, *Ha-Emuná ha-Ramá,* "A Fé Sublime"), que é a primeira expressão mais visceralmente judaica de um aristotelismo do tipo Al-Farabi ou Avicena. Na mesma linha, porém com uma envergadura filosófica incomparavelmente maior, tanto na agudeza analítica quanto na originalidade criadora, o Rambam, abreviatura de Rabi Moisés ben Maimon, o Maimônides (1135-1204, de Córdoba, julgando necessário provar que os princípios adiantados por ele na sua monumental codificação talmúdica, *Mischné Torá* ou *Iad ha-Hazaká* ("Mão Forte"), e baseados na revelação e na tradição, coincidiam e eram confirmados pelas deduções e demonstrações do intelecto, compôs o que veio a ser o *opus magnum* da filosofia judaica do medievo, o *Dalat al-Hairin* ou *Moré Nevuhim* ("Guia dos Perplexos") na tradução hebraica que Samuel ibn Tibon efetuou ainda em vida do autor.

A grande época da poesia hebraica na península ibérica tem seu último expoente em Iehudá ben Schlomo al-Harizi (c. 1170 - c. 1230). Se na arte das narrações em prosa rimada e versos, isto é, das *makamat* árabes ou *machbarot* hebraicas, foi precedido por outros autores como Schlomo ben Sachbel (primeira metade do séc. XII) e sobretudo Iossef ben Zabara, de Barcelona (n.c. 1140), cujo *Sefer Schaaschuim* ("Livro dos Divertimentos") reúne contos, fábulas, provérbios, ciência e sabedoria num estilo leve e agradável, Al-Harizi levou o gênero quase à perfeição, não só na tradução que fez das célebres *makamat* de Al-Hariri, como na sua obra pessoal, a *Tachkemoni*. Aí, hebraizando brilhantemente o estilo dos modelos árabes e fazendo uso de *machabarot* hebraicos anteriores — por exemplo, o relato misógino de Iehudá ben Schabetai (m. 1188), *Minkhat Iehudá Soné ha-Naschim* ("Dádiva de Judá, Inimigo das Mulheres") — moldou um fascinante caleidoscópio poético, histórico e crítico, de idéias e experiências expressas de um modo leve e humorístico. Da mesma geração de Al-Harizi, Abraão ben Hasdai de Barcelona (primeira metade do século XIII), fez uma adaptação hebraica, no gênero das *makamat*, do romance *Barlaam e Iosafat*, sob o título *Ben ha-Melech ve-ha-Nazir* ("O Príncipe e o Eremita").

Abraão ben Hasdai também teve interesses filosóficos e na controvércia entre partidários e adversários de Maimônides, ficou com os primeiros. Maimonista igualmente foi Schem Tov ben Iossef ibn Falaquera (século XIII) que se destacou entre os numerosos comentadores das doutrinas do *Guia dos Perplexos*, do Rambam. Mas a esta altura, apesar do reforço averroísta que lhe trazem as ousadas teses de Isaac Albalag (c. meados do séc. XIII), o racionalismo aristotélico judaico, na Espanha, já ultrapassara o zênite: a ortodoxia tradicionalista lhe opunha feroz resistência e as tendências irracionalistas ganhavam os espíritos. Uma nova corrente começou a ascender no horizonte intelectual judaico, a da Cabalá ("Tradição"). Sua síntese, em que o neoplatonismo se combinou com velhas doutrinas gnósticas e especulações escatológicas, místicas e pietistas, teve na cidade de Gerona uma de suas bases principais. Na primeira metade do século XIII, um grupo de cabalistas desenvolveu aí uma literatura em que se destaca o nome de Moisés ben Nachman (1194-1270), o Nachmânides. Personalidade equiparada em seu tempo a Maimônides, exerceu grande influência pela atuação pessoal, de que a conhecida *Disputa* com o converso Pablo Christiani foi um dos episódios, e por uma larga obra rabínica, talmúdica, mística e cabalística. Seu *Perusch al ha-Torá* ("Comentário ao Pentateuco"), coroamento de sua reflexão, transfunde em pietismo profundo idéias místico-espiritualistas, assinalando o rumo anti-intelectualista em que o judaísmo então enhereda.

Outro cabalista que merece registro na história literária desta época é Abraão ben Samuel Abuláfia (1240-c. 1291), com o *Sefer ha-Ot* ("Livro do Sinal"), entre outros escritos. Pregoeiro de um misticismo extático capaz de levar à iluminação profética, seu cabalismo foi antes "prático". Pretendeu converter o papa Nicolau III e recebeu duras críticas de Salomão Adret (1235-1310) — um dos expoentes da Cabalá "teórica", grande autoridade rabínica e autor de numerosa *responsa* (respostas rabínicas) — por se apresentar como Messias. Um de seus discípulos foi Iossef Gikatila (1248-c. 1305), que escreveu o *Ginat Egoz* ("Jardim da Noz") e outras obras onde procura harmonizar Cabalá e filosofia.

Na segunda metade do século XIII, Todros ben Iehudá Abuláfia de Toledo (1234 - c. 1304) é conhecido não só por seu *divan* poético, *Gan ha-Meschalim be-ha-Hidot* ("Jardim das Parábolas e dos Enigmas"), uma espécie de calendário poético sobre os eventos da época, mas ainda por seus comentários bíblicos e talmúdicos, como o *Otzar ha-Kavod* ("Tesouro da Dignidade"), impregnados de profundo sentido cabalístico e talvez já sob a influência do *Sefer ha-Zoham* ("Livro do Esplendor"). Esta notável coletânea de escritos místicos, que se tornou o terceiro "livro" judaico, ao lado da Bíblia e do Talmud, foi escrito, segundo G. Scholem e outros estudiosos do assunto, pelo cabalista Moisés de Leon (m. 1305) no fim do século XIII.

Embora não mais apresente a pujança anterior, a atividade literária hebraica não sofreu interrupção no século XIV, mesmo após as grandes perseguições de 1391, e estendeu-se numa sucessão de autores até a expulsão dos judeus da Espanha. Testemunho disso são a vasta compilação talmúdica, *Arbaa Turim* ("As Quatro Ordens") de Iaakov ben Ascher (1280-1340), as *Scheilot u-Teschuvot* rabínicas de Isaac ben Scheschet Perfet (1326-1408), os escritos de polêmica religiosa e de gramática (*Maassé Efod,* "A Obra de Efod") de En Profeit Duran Efodi (1350), as glosas como *Maguen Avot* (Comentário ao Tratado Avot) e as composições litúrgicas de Simão ben Zemach Duran (1361-1444). Uma literatura ética mesclada de elementos filosófico-místicos se apresenta em obras do tipo *Menorat ha-Maor* ("O Candelabro de Luz") de Israel ben Iossef ha-Nakava (m. 1391) e, na do mesmo título, de Isaac Aboab (1433-1493). Na filosofia, com *Or Adonai* ("Luz do Senhor") de Hasdai Crescas (1340-1410), uma crítica ao intelectualismo maimonidiano e averroísta, que antecipa o pensamento da Renascença, ocorre ainda uma última e grande meditação do espírito judeu-espanhol, pois o *Sefer ha-Ikarim* ("Livro dos Princípios") de Iossef Albo (1380-1444) é antes uma compilação eclética de homilista e divulgador, tendo um visível caráter epigonal. A isto também não escapa a produção poética destes anos, à exceção de Schlomo ben Reuben Bonafed (séculos XIV-XV), que se distinguiu por seus versos satíricos e profanos, e Salomão de Piera (1340-1420), cuja obra se compõe de estrofes sobre os temas da vida secular e outros de tipo ascético e fundo moral, que se sobrepõem à inspiração puramente litúrgica.

PERÍODO ITALIANO

Com a série de perseguições e expulsões que culminaram nas da Espanha e Portugal, a Itália passou a polarizar gradativamente a vida cultural judaica. Sob o influxo da imigração sefardita e graças à fragmentada estrutura política italiana, que cingia sempre os atos de intolerância a um dos muitos Estados peninsulares, a atividade literária hebraica pôde desenvolver-se nas modalidades e no espírito tradicionais, ao mesmo tempo que absorver elementos de fermentação renascentista e mesmo aclimatá-los em seu contexto, abrindo-se para novos gêneros, como é o caso da literatura dramática, que então estréia no cenário judaico, ou para uma evolução estilística que, feita em detrimento da maneira árabe-hispânica, acentuará a expressão européia da poesia e prosa de arte. Isto, é claro, não impediu que ao mesmo tempo, seja na Itália seja em outros centros de vida judaica, continuassem a ser cultivados paralelamente os gêneros tradicionais de produção literária hebraica, quer no verso litúrgico quer na estória de fundo midráschico ou agádico, quer no tratado talmúdico-rabínico e no comentário cabalístico e filosófico-religioso.

Dentre os que saíram da Espanha, D. Isaac Abarbanel ou Abravanel (1437-1509), tesoureiro dos Reis Católicos, já era autor do tratado filosófico-teológico *Rosch Emuná* ("Princípios da Fé") onde procura unir cabalismo e maimonismo, mas foi na Itália que escreveu a maior parte de seus comentários bíblicos e trabalhos exegéticos de sentido messiânico, como *Maiené ha-Ieschua* ("Fontes da Salvação"). Ao legado filosófico da Idade Média também permanece ligado Eliahu Dalmedigo, de Creta (1460-1498), amigo de Pico de la Mirandola, que em essência propaga as teses averroístas e em *Behinot ha-Dat* ("Exame da Religião") as aplica ao judaísmo. O mesmo já não sucede com Iohanan Alemano (segunda metade do século XV), cujo *Heschek Schlomo* ("Paixão de Salomão") e cuja enciclopédia *Haiei ha-Olamim* ("Vida Eterna") denotam visível influência platônica da Academia florentina. Mas é com Leone Ebreo, ou seja, Iehudá Abravanel (c. 1465-?), filho de D. Isaac, que o pensamento judaico se funde com o platonismo renascentista italiano nos famosos *Dialoghi di Amore,* obra redigida provavelmente em hebraico.

Entre os gramáticos e filólogos da Itália nesse tempo, é importante o trabalho de Iossef Zerk (primeira metade do século XV), um refugiado espanhol e discípulo de Profiat Duran, que difundiu entre a jovem geração os conhecimentos na matéria. Iehudá Messer Leone (1450-1490), sob a influência do espírito renascentista, escreveu uma gramática e uma retórica, *Nofet Tzufim* ("O Suco dos Favos"), uma tentativa de aplicar as regras de Cícero e Quintiliano à língua bíblica, que foi um dos primeiros livros impressos em hebraico (1478). Baruch de Benevento, que traduziu partes do *Zohar,* elaborou várias contribuições de relevo e manteve contato com o sábio Elias Levita ou Bahur (1478-1549), mestre de hebraico de humanistas cristãos, cuja obra, sobretudo o *Bahur* ("O Eleito"), representa uma síntese da filologia hebraica medieval com as novas pesquisas lingüísticas de hebraístas não-judeus.

Na literatura histórica, Iehudá ibn Verga e seu filho deixaram um documento clássico dos sofrimentos judaicos em *Schevet Iehudá* ("O Cetro de Judá") e, em Portugal, onde esta obra foi em grande parte redigida, Abraão Zacuto, famoso por sua contribuição às descobertas lusas e por suas traduções hebraicas de livros científicos, compôs o *Sefer Iuhasin* ("Livro da Genealogia"), consagrado à história dos eruditos judeus. De natureza mais científica por seu método crítico é também a contribuição historiográfica de Azaria di Rossi (1514-1578) com seu *Maor Einaim* ("A Luz dos Olhos"). Iehudá (Leone) de Modena (1571-1648) investigou o espírito e o pensamento judaicos com o critério objetivo quase de um precursor da Ciência do Judaísmo e, num hebraico límpido e expressivo, abordou grande variedade de temas e travou polêmicas a favor do rabinismo.

A exegese bíblica, que se desfaz em parte do aparato filosófico, para enveredar pela via homilética-moral ou cabalística, encontra no médico Ovadia Sforno (1475-1550), que ensinou hebraico a Reuchlin, um de seus expoentes, ao lado de Iehudá Messer Leone, Iohanan Alemano, Abraão Farissol e outros. Bem mais extensa é a representação literária dos estudos talmúdicos, pois abrange quase toda a Diáspora, destacando-se: na Alemanha e Polônia, os *Hiduschim* de Schlomo Luria (m. 1573), Samuel Edels (m. 1631) e Meir Schiff (m. 1641), as *Tosafot* à *Mischná* de Iom Tov Lipmann Heller (m. 1654) e o comentário talmúdico de Elias de Vilna (m. 1797);

na Itália e Palestina, o comentário à *Mischná* de Ovadia de Bartenura (c. 1500), muito popular devido à sua clareza, e a grande obra de codificação talmúdica, *Schulkhan Aruch* ("A Mesa Posta"), de Iossef Caro, que mereceu muitas glosas, entre as quais a de Mosché Isserls (século XVI).

No verso, o já mencionado Iossef Zark marcou com sua coletânea poética o início de novo período na Itália. Digno de nota também é Moisés de Rieti (fal. c. 1460), cujo poema *Mikdasch Meat* ("O Pequeno Santuário") imita a *Divina Comédia*. Dentre a numerosa plêiade que se dedicou à poesia hebraica, na Itália dos séculos XVI e XVII, Moisés ben Ioab (primeira metade do século XVI) foi um continuador do estilo de Emanuel de Roma, Leone de Modena criou um copioso cancioneiro, os irmãos Iaakov e Emanuel Frances (séc. XVI) compuseram com verve e espírito polêmico. Quer por sua vinculação palestinense quer pelo caráter místico de sua inspiração, lugar à parte merecem Salomão Alkabez (séc. XVI), cabalista e mestre de Moisés Cordovero, bem como autor de um dos mais populares hinos da liturgia sabática, *Leha Dodi* ("Vem, meu amado") e, em particular, Israel Najara, uma das vozes poéticas mais expressivas do período, que compôs em hebraico e aramaico, empregando formas e metros turcos, arábicos, gregos e italianos, *piutim, kinot, selihot,* hinos e canções reunidos em duas coletâneas sacras, *Zemirot Israel* ("Canções de Israel") e *Pizmonim* ("Cantares"), e uma profana, *Mi-Mé Israel* ("Das Águas de Israel"). Ambos foram movidos pelo fervor cabalístico-messiânico que também inspirou os italianos Aharon Berahia de Modena (m. 1639), Menahem Azaria de Fano (1548-1620) e Mosché Zacuto de Mântua (1625--1697).

Houve também autores que cultivaram a prosa de arte, nos termos floreados das *makamat* árabes ou segundo formas bíblicas mais sóbrias, mas não há dúvida que o gênero entra em abandono. Em compensação, com Iehudá Sommi (1527-1592) e seu *Schahut Bedihuta de--Kiduschin* ("Comédia do Matrimônio") surge em prosa, segundo os moldes da comédia italiana, a primeira peça hebraica. A literatura dramática apresentar-se-á em verso no *Iessod Olam* ("Fundamento do Mundo") e no *Tofté Aruch* ("Inferno Preparado"), de Mosché Zacuto, e na obra de M. H. Luzzatto, que no século XVIII transmutou em uma nova linguagem literária as suas inquietações cabalísticas.

De fato, é em torno da Cabala que se movimenta parte substancial do processo literário hebraico no período italiano. Os tormentos e as sublimações coletivas encarnam-se nas buscas mística e messiânicas que se desencadeiam nos principais centros do judaísmo e, mais especialmente, em Safed, onde uma nova escola começa a propor-se no plano teórico com Moisés Cordovero (1522--1570), autor de importante exposição sistemática das doutrinas cabalísticas, o *Pardes Rimonim* ("Jardim das Romãs"). Isaac Luria (1534-1572), cujos ensinamentos vão estabelecer em plano cósmico o messianismo da nova Cabala, não deixou escrito algum, mas suas concepções aparecem nos textos de seus discípulos, nomeadamente no *Etz Haim* ("Árvore da Vida") de Haim Vital Calabrese (1543-1620).

Sob a influência das doutrinas de Luria e de sua resultante direta, o movimento messiânico de Sabatai Tzvi, que repercutiu em todos os centros judaicos, surgiu na Europa uma vasta literatura cabalística. Nos países es-

lavos, tais obras preparam o solo para o movimento hassídico de Israel ben Eliezer, o Baal Schem Tov (1700-
-1760), que infundiu nova dimensão ao judaísmo em geral e renovou não só a parábola e estória curta em língua bíblica, como as fontes populares da literatura hebraica.

LITERATURA HEBRAICA MODERNA

O meio cabalístico foi, como G. Scholem e outros estudiosos vêm demonstrando crescentemente, o fermento e o conduto de muitas transmutações fundamentais no espírito e na vida do judaísmo. Por isso não é de surpreender que a renovação da literatura hebraica, ao limiar da modernidade, também tenha nele um importante ponto de partida. Com efeito, já na primeira metade do século XVIII, Moisés Haim Luzzatto (1707-1747), místico encantador do Messias e requintado estilista de inspiração arcádica italiana, infundia-lhe em poemas e dramas alegóricos, como *La-Iescharim Tehilá* ("Louvor ao Justo") e *Migdal Oz* ("Torre de Força") um vigor de imagem e expressão, uma sensibilidade para o vital e o natural, que deixavam para trás a impostação poética tradicional e iam fixar um primeiro marco estilístico e temático do moderno. Coube, porém, aos Iluministas, à Hascalá ("Ilustração"), dar os passos efetivos que abriram o estro hebreu às "luzes" da Razão e do Século e lhe devolveram os sentidos terrenos do Mundo e do Homem.

Na sua revolta contra o gueto medieval e contra o que consideravam seus subprodutos culturais (o talmudismo, o ritualismo) e dialetais ("o jargão hebreu-alemão", isto é, o ídiche, especificamente), a corrente de Moisés

Mendelsson (1729-1786), Naftali Herz Weisel ou Wessely (1725-1805), David Friedlaender (1750-1834) e seus adeptos do Leste europeu, centrou sua pregação reformista no terreno da "nobre linguagem da Bíblia". Usando-a como um dos principais veículos da campanha pela ilustração intelectual e pela emancipação política, os colaboradores e partidários do *Ha-Meassef* ("O Colhedor") — primeiro periódico hebreu, publicado em 1783 a 1829, e foco de irradiação do racionalismo germano-judeu — não só a retemperaram ao calor da polêmica ideológica em panfletos como os *Divrei Schalom ve-Emet* ("Palavras de Paz e Verdade") de Weisel, ou reexaminaram, para dar-lhe "civilidade" lingüística, suas bases gramaticais e seu repertório lexicográfico, como no *Talmud Laschon Ivrit* ("Ensino do Idioma Hebreu") e no *Otzar Schoraschim* ("Tesouro de Raízes"), de Iehuda Leib Ben-Zeev (1764-1811). Mas no decurso desta atuação lhe inculcaram também novo pensamento filosófico e crítico colhido nos Enciclopedistas, na "Aufklaerungsphilosophie" e nas "Críticas" kantianas (Mendelsson, Salomão Maimon e outros) amoldaram-na ao discurso científico moderno (sobretudo pela divulgação das conquistas de ciência do século XVIII), iniciaram-na maciçamente nos temas profanos das "belas-letras" e submeteram-na a tratamento estético com base em padrões estilísticos e critérios de gênero, dotando-a dos instrumentos formais e substanciais da modernização literária. É verdade que o esforço iluminista nem sempre conseguiu transformar intenção em criação e o valor de boa parte de sua produção, nesta fase, é antes histórico do que artístico. Ainda assim, o espírito de renovação, que animou não só o empenho do grupo do *Ha-Meassef* como o de diferentes autores hebreus da Holanda, França e Itália, deu alento a uma contribuição marcante nas várias formas do escrever judaico. Destarte, cabe registro, na prosa, às máximas e pastiches satíricos dos *Mischlei Asaf* ("Fábulas de Asaf"), de Isaac Satanov (1732-1804), às fábulas e *michtanim* ("epigramas" em quadras rimadas) de Joel Brill Loewe (1760--1802) e Ben-Zeev; na poesia, à epopéia de Wessely, *Schirei Tiferet* ("Cânticos de Glória") e aos sonetos em *Eile Bnei ha-Neurim* ("Eis os Filhos da Juventude"), de Efraim Luzzatto (1729-1792); e no drama, à raciniana *Gmul Ataliá* ("O Castigo de Atalia"), de David Franco Mendes (1713-1792), às traduções de Metastásio e Maffei, de Samuel Romanelli (1754-1792), bem como à sua peça alegórica *Ha-Kolot Iechdalun* ("As Vozes da Luta Cessaram"), e à tragédia histórica *Melukhat Schaul* ("O Reinado de Saul"), de Iossef Efrati (1770-1804).

A campanha ilustrada, cuja primeira época é em geral fixada entre 1781 e 1820 e que tem em Berlim o seu foco inicial, desdobrou-se numa segunda etapa, ao estabelecer por volta do fim do século XVIII um novo centro de ressonância em Viena. O fato é de particular importância para a difusão da Hascalá, posto que o império austríaco compreendia áreas, na Boêmia, Morávia, Galícia, Hungria, onde vivia numerosa população judaica. Ainda fortemente enraizada nas suas tradições religiosas e na sua tipicidade sociocultural, usando o ídiche na comunicação diária e o hebraico como língua cultual, literária e intelectual, constituía um pólo natural para a ação dos *maskilim*, que aliás contou, em certos aspectos, com o apoio oficial das autoridades habsburguesas, talvez menos interessadas em "iluminar" o homem do gueto, do que em descaracterizá-lo do ponto de vista grupal, germanizando-o.

Se em função de tais esforços, alguns ilustrados, como Herz Nomberg (1749-1841), se ilustraram mais pela violência com que tentaram impor as reformas preconizadas, suscitando intensa reação ao "racionalismo ateu", sobretudo entre as massas ortodoxas e hassídicas, outros souberam transfundir de maneira orgânica e penetrante a mensagem da Ilustração, convertendo inclusive o seu impulso didático em fonte de uma criatividade literária com valor próprio. Mendel Lefin (1749-1826) é um deles. Embora suas obras fiquem entre a divulgação científica dos *Igrot ha-Hochmá* ("Cartas sobre a Sabedoria"), as considerações de ética prática no *Heschbon ha-Nefesch* ("Exame da Alma"), as descrições geográficas das *Massaot ha-Iam* ("Viagens Marítimas"), a tradução de *O Guia dos Perplexos* de Maimônides e o comentário crítico a ele dedicado em *Alon Moré* ("A Árvore do Mestre"), Lefin, que também foi um precursor na utilização literária da língua popular, o ídiche, pôs a serviço da propagação dos conhecimentos seculares um estilo agradável e claro, que explora recursos lingüísticos não só bíblicos como mischnaicos e midráschicos a fim de comunicar-se de maneira direta e sensível com o leitor de idioma hebreu. Salomão Popenheim (1740-1814) foi uma figura literária que se destacou em seu tempo principalmente pelo poema em prosa *Arbá Kossot* ("Quatro Taças"), uma meditação sobre as vicissitudes da existência humana, o mundo e a providência divina. Mas a expressão mais representativa deste grupo austríaco foi sem dúvida Salomão Loewisohn (1788-1821), poeta, historiador, gramático e lingüista, que, nas palavras de M. Waxman (H.J.L., v. 3, p. 147), "unia o sentimento profundo de um grande poeta e a mente penetrante, brilhante, de um pensador e pesquisador". Além de *Sihá de-Olam ha-Neschamot* ("Um Diálogo no Mundo dos Espíritos"), um colóquio sobre o uso de verbos hebraicos e de expressões e vocábulos hebraicos, e dos *Mechkerei Eretz* ("Estudos sobre a Terra Santa"), o primeiro dicionário hebraico de história e geografia bíblica, publicou, sob o título de *Melitzat Ieschurun* ("A Poesia de Israel", pois Ieschurun é um nome poético do povo judeu), uma obra de grande originalidade artística e crítica. Composta de três partes e escrita em versos brancos, começa por uma notável celebração da beleza do mundo e do homem enquanto corpo e alma; segue-se, num monólogo consagrado ao espírito poético, a descrição dos efeitos da poesia sobre a vida do ser humano e uma caracterização estética da Bíblia; a terceira parte, que trata das figuras poéticas, discute em pormenor as formas da apóstrofe, personificação, ironia, interrogação e outros elementos da retórica bíblica, sem que este exame, pioneiro no campo hebreu e ainda hoje válido, abandone a via poética como instrumento de captação do conteúdo e de envolvimento estilístico de seu objeto, o Velho Testamento na qualidade de escritura. Ao termo da primeira época da Hascalá, Schalom ha-Cohen (1772-1845) marcou no cenário das letras uma presença fecunda e enérgica. Entre seus escritos, merecem registros *Mataei Kedem al Admat Tzafon* ("Plantas Orientais em Terra do Norte"), que reúne vários poemas e uma peça bíblica em dois atos, *Amal ve-Tirza* ("Amal e Tirza"), um drama alegórico à maneira de M. H. Luzzatto, a cujo *La-Iescharim Tehilá* deveria servir de seqüência, e *Ner David* ("Luz de David"), uma epopéia davídica em vinte cantos, que segue a trilha dos *Schirei Tiferet*, de Wessely. Mas a principal contribuição deste autor talvez esteja em sua atuação publicística em favor do desenvolvimento da literatura hebraica. Ela se consubstanciou primeiro no esforço de reanimar o *Ha-Meassef* berlinense e, após o malogro deste intento, no trabalho para estabelecer os *Bikurei ha-Itim* ("Primícias dos Tempos"), publicação fundada pelo impressor cristão de livros hebraicos, Anton Schmid (1765-1855) de Viena, e da qual Schalom ha-Cohen foi durante três anos o redator. Tratava-se de um anuário, que, em seus doze anos de existência (1820-1831), serviu de órgão de encontro e expressão para os poetas, prosadores e *scholars* hebreus da fase ulterior, isto é, da segunda época do movimento ilustrado. Em suas páginas, estrearam e amadureceram a lírica de Meir Letteris, as sátiras de Isaac Erter, os ensaios de S. I. Rapaport, S. D. Luzzatto, I. S. Reggio e outros estudiosos cujos subsídios, na filologia e exegese bíblica e talmúdica, na lexicografia hebraica e na história judaica, ajudaram a erigir a "Ciência do Judaísmo" fora da Alemanha. Mas o papel desempenhado por esta coletânea de "Primícias" não se deve somente à relevância da matéria nela estampada. Mesmo na colaboração de menor porte ou puramente ocasional, que aliás ocupam a maior parte do espaço, sua função não é menos operativa e importante. Pois, reunindo a produção daqueles que nos mais diversos rincões da Galícia, Itália, Hungria, Polônia e Rússia, porfiavam em cultivar no velho idioma uma nova musa, os *Bikurei* foram os mensageiros de uma atualização dos laços lingüísticos hebraicos nos termos de seu novo discurso literário e de uma interiorização maior, no corpo social, judaico, da proposta histórica e ideológica da Hascalá.

De fato, embora abandonasse o quadro fechado da "judiaria" ou do "gueto", quer dizer, da comunidade étnico-religiosa medieval, e convertesse seus valores em questão de foro íntimo do "indivíduo" de "fé mosaica", a própria Hascalá alemã e ocidental já tendia, em seus primeiros passos, a salientar um certo "espírito do judaísmo", que passou a assumir feições mais concretas e específicas, tão logo se fez sensível no meio iluminista a ação do historicismo e do idealismo romântico sobretudo em sua versão hegeliana. É sob este influxo que, a partir de 1818, Iom-Tov Lippman (Leopold) Zunz (1796-1886) advoga a formação de uma "Wissenschaft des Judentum" ("Ciência do Judaísmo") ou "Hochmat Israel", para a qual veio concorrer com pesquisas básicas como as *Gottesdienstlichen Vortraege der Juden* ("Homilias Cultuais dos Judeus") e *Die synagogale Poesie des Mittelalters* ("A Poesia Sinagogal da Idade Média"). Aos estudos de Zunz sobre Agadá, liturgia, poesia religiosa, a nova "judaística" somará, em sua produção teuta até o fim do século XIX, os de Zeharia Frankel (1801-1875, porta-voz da ala conservadora) sobre Halahá, de Abraão Geiger (1808-1874, paladino do reformismo liberal) sobre literatura medieval, desenvolvimento da Bíblia e da Halahá talmúdica, história do judaísmo e análise de suas influências sobre o Islã e o Cristianismo, de Moritz Steinschneider (1816-1907), o "pai da bibliografia judaica", sobre catalogação de manuscritos e documentação de fontes hebraicas, história e ramos das literaturas judias e orientais, de Heinrich Graetz (1817-1891), cuja monumental *Geschichte der Juden von ealsten Zeiten bis zur Gegenwart* ("História dos Judeus desde os Tempos Antigos até o Presente"), publicada de 1853 a 1875, em doze volumes, pode ser considerada uma espécie de remate literário e de suma não apenas historiográfica de todo este labor científico[1].

1. Com efeito, além de reunir, com pertinência lógica e cronológica, no quadro de uma história geral dos judeus, grande parte dos numerosos dados novos que ele e seus contemporâneos ou predecessores colheram nos vários campos da «Wissenschaft», Graetz efetuou essa «construção da história judaica» — como se intitula o ensaio programático de 1846 onde assenta, no essencial, os fundamentos historiosóficos de seu trabalho — segundo uma

Mas é na Galícia que o iluminismo e o historicismo da "Hochmat Israel" efetivaram a primeira síntese mais orgânica e abrangente de um pensamento nacional judeu ou, antes, de uma filosofia da história judaica potencialmente "nacionalista", na acepção ideológica moderna. Nachman Krochmal (1785-1845), seu autor, é sem dúvida o principal *avant-courrier* filosófico do nacionalismo hebreu, pelo menos nas formas em que germinou na segunda metade do século XIX, em P. Smolenskin, nos "Amantes de Sion" e em Ahad ha-Am, ou seja, no sionismo da Europa Oriental. Combinando em seu *Moré Nevuhei ha-Zman* ("Guia dos Perplexos de Nosso Tempo", obra incompleta, publicada postumamente em 1851 por Zunz) Azaria di Rossi com Vico, Abraão ibn Ezra e Maimônides com Schelling e Hegel, encontra nos fastos da grei israelita as expressões de um "espírito geral da nação"[2] a desdobra-se ciclicamente no tempo como parte

perspectiva inusitada. Em seus termos, o curso histórico de Israel passava a girar não só em torno do pólo religioso-ético, o da forma, do «judaísmo», mas também do pólo sociopolítico, do substrato, dos portadores da idéia, os judeus, embora privilegiasse particularmente as realizações intelectuais e literárias, as contribuições espirituais e culturais materializadas nos feitos e nos livros, nos pensamentos e sentimentos exemplares dos grandes homens, como determinações da substância e da essência da história judaica. Tais aspectos, entre outros, fizeram da obra deste historiador uma expressão significativa do processo pelo qual a Hascalá judio-alemã ultrapassou as concepções puramente ilustradas de «judaidade» e «judaísmo» e, com o concurso de sua «judaística», se aproximou de uma visão por assim dizer «nacional», senão do «corpo», ao menos da «alma» do povo judeu.

2. Isto é, o conjunto de qualidades e propriedades espirituais desenvolvidas historicamente pelo grupo no curso de sua existência social. Gerado na juventude, amadurecido na idade adulta, este «gênio» nacional, se estiola na velhice do organismo coletivo, o qual perece, ao lhe faltar a seiva vital e única. Israel, porém, escapa ao decreto de morte natural, porque, embora sua evolução obedeça à lei das três idades de Vico, o caráter específico que desenvolveu, o da busca e conhecimento de Deus e da realidade última, é de natureza inteiramente espiritual, de modo que, chegada a época do decaimento físico, que se inicia para o *Moré* com a destruição do Segundo Templo, a vida pelo espírito, a função judaica precípua no concerto das nações, não só pôde como precisou prosseguir — pois é eterna como o Eterno é sua meta, diz Krochmal em sua obra inconclusa, sugerindo talvez o *ricorsi* hebreu na idade moderna.

do processo e dos desígnios pelos quais o Espírito Absoluto atua e se revela na esfera humana, e identifica na individualidade de Israel entre os povos, que reside na propensão e função sobretudo religiosa e ética, assim como a dos gregos estaria na estética ou a dos romanos na política e jurídica, as características de uma "civilização" peculiar hebréia. Com isso, a concepção de história judaica sofre considerável historicização, secularização e mesmo nacionalização, pois, em vez da fé e da moral reveladas por uma intervenção direta e pessoal da Divindade, o seu eixo torna-se um produto histórico dos judeus como grupo, que é o seu "espírito de nação". Ora, este conceito envolve, afora a religião e a ética, outros fatores da vida espiritual e intelectual e inclui, mesmo, a seu modo, condições sociopolíticas e materiais, sendo por isso mais amplo e abstrato que o religioso e, ao mesmo tempo suficientemente determinado e particular, para dar concretude à idéia de uma especificidade judaica secular e civil que qualifica os membros de uma *polis* hebréia, ou seja, relaciona os judeus por um princípio nacional.

A influência de Krochmal fez-se sentir muito antes que seu livro aparecesse e suas idéias, fecundadas mas também difundidas pelo debate no círculo de *maskilim* que se reunia periodicamente em sua casa ou com ele se correspondia, formaram como que o fulcro intelectual do grupo de escritores e pensadores galicianos que, em sua atividade "esclarecedora", encetou nas letras hebraicas o segundo período sob a égide ilustrada (1820-1880). Ao lado de uma beletrística cujas narrativas satíricas, principalmente as de Iossef Perl (1773-1839) em *Megalé Temirin* ("O Revelador de Segredos") e *Bohan Tzadik* ("A Prova do Justo") e as cinco sátiras de Isaac Erter (1791-1851) em *Ha-Tzofé le-Beit Israel* ("O Guardião da Casa de Israel"), preparam o terreno em que a geração seguinte desenvolveria o romance hebreu moderno, produziram eles, em parte também sob a forma epistolar que foi sua marca estilística na prosa de ficção, uma ensaística relevante sobre problemas sociais e tópicos eruditos. Aí, na literatura de idéias, tanto quanto nos estudos judaísticos, é que o estímulo do pensamento krochmaliano foi especialmente rico em conseqüências. Na verdade, sob a sua inspiração, os ensaios histórico-críticos que S. I. Rapaport (1790-1867) dedicou, nos *Bikurei ha-Itim*, à Saadia, Hai, Hananel ben Huschiel, Eleazar ha-Kalir e outras figuras definidoras da época gaônica e da herança medieval, bem como a visão histórica que I. B. Levinsohn (1788-1860), o "Mendelsson russo", infundiu em *Bet Iehudá* ("Casa de Judá"), em *Zerubavel* e, até mesmo, em obras polêmicas e propagandísticas do gênero *Teudá Israel* ("Testemunhas de Israel") constituem outros tantos passos de um historicismo[3] que começa a impregnar o movimento da Hascalá e, à medida que ela penetra no âmago densamente judeu da sociedade do *schtetl* leste-europeu, a insuflar-lhe uma consciência nacional-histórica.

A tendência acentuar-se-á, não apenas no plano crítico-científico ou especulativo, depois de 1820, quando a impregnação romântica aumenta na literatura hebraica. Uma defesa cerrada dos *Iessodei ha-Torá* ("Fundamentos da Lei") enquanto revelação providencial e do judaísmo como um valor cuja especificidade se aloja na fé, no sacrifício, na bondade, na justiça, e não nos princípios lógicos da razão filosofante, nos termos do intelectualismo helênico e maimonidiano, desenvolve-se no amplo trabalho

3. Idealista, mas com um forte sentido intelectualista, no sentido kantiano e maimonidiano, e não desenfreadamente romântico, pelo menos em Krochmal.

de investigação filosófica e exegética, assim como na meditação poética de Samuel David Luzzatto ou Schadal (1800-1865). Nos versos, por vezes adulcorados, do principal poeta do círculo de Krochmal, Meier Letteris (1800-1871), tradutor do *Fausto* de Goethe, das "Melodias Hebraicas" de Byron e de canções de Schiller, vibra também um intenso anelo "siônico", que se difundiu popularmente em estrofes do tipo "Iona Homiá" ("O Arrulho da Pomba") e "Mosché al Har Nebo" ("Moisés no Monte Nebo"), reunidas em suas várias coletâneas de poemas originais e traduzidos (*Divrei Schir, Aielet ha-Schahar, Tofes Kinor ve-Ugav*, etc). Estas idéias e sentimentos condensam-se particularmente nas novas feições que assume o "biblismo" da Hascalá. Na fase puramente racionalista do movimento, os iluministas judeus derivam dos padrões bíblicos apenas uma estilização alegórico-poética que procurava nobilitar, "classicizando-o", o discurso literário hebreu e que se traduzia muitas vezes em aguada épica burguesa, moralista e sentimental, de imitações neoclássicas. Agora, porém, nesta segunda etapa, passaram a captar na velha fonte escritural a vivência lírica de um passado nacional. É o que já aflora até certo ponto no *pathos* amoroso com que, sob o nome literário de Adam ha-Cohen, o primeiro poeta hebreu-russo de certa expressão e sucessor de Mordehai Aaron Günzburg (1796-1847) na liderança do grupo iluminista de Vilna, Abraham Dov Lebenson (1794-1878), cultiva, nos *Schirei Bat Kodesch* ("Cânticos da Língua Sagrada"), "A Rainha dos Idiomas — o Hebraico"; e é seguramente o que alimenta a força evocativa com que o filho de Adam ha-Cohen, Mica Iossef ou, literalmente, Mihal (1828-1852) compõe as romanças bíblicas e medievais dos *Schirei Bat Tzion* ("Cantares da Filha de Sion") e do *Kinor Bat Tzion*

("Lira da Filha de Sion"), plasmando com isso e com as contemplações panteísticas da natureza um cancioneiro dos mais sensíveis e imaginativos da escola romântica na poesia judaica da primeira metade do século XIX; e é também o que projeta a visão idílica ou então portentosa com que Avraham Mapu (1808-1867) recria os ambientes de Israel antigo, criando em *Ahabat Tzion* ("Amor a Sion") e *Aschmat Schomron* ("A Culpa de Samaria") o romance hebreu moderno.

A obra de Mapu não fica somente na captação nostálgica dos idos de uma unidade histórica perdida. Amalgamando influências românticas, como a do enredo dramático das peças de M. H. Luzzatto e da ficção folhetinesca de Dumas Pai, Eugène de Sue (cujos *Mistérios de Paris* foram traduzidos para o hebraico por Kalman Schulman (1819-1899, um membro do círculo de Lebensohn) e outros, às do "maskilismo" e de seu combate social nas sátiras realistas de Iossef Perl e Isaac Erter, o quadro contido em *Ait Tzavua* ("Pássaro Pintado" ou "O Hipócrita") configura a vida na época na geração de Mapu. Trata-se de uma narrativa típica da Hascalá, com a descrição dos embates entre os paladinos do obscurantismo e da ilustração dentro da sociedade judaica da Europa Oriental. Apesar da falta de gradação nas cores dos conjuntos e na psicologia dos indivíduos, que se dividem dicotomicamente quase em tipos: de um lado, fanáticos, atrasados e hipócritas, de outro, modelos de verdade e honestidade, ansiosos por melhorar a existência material e espiritual de sua gente, esta obra lanceta algumas das chagas profundas do mundo por ele enfocado, assinalando a outra vertente do romancista, o realismo. Ao mesmo tempo, *Ait Tzavua* é um dos principais marcos do rumo que toma, nas décadas de 1860 e 1870, o romance iluminista especificamente com *Ha-Toe be-Darkhei ha-Haim* ("O Errante no Caminho da Vida") de Peretz Smolenskin (1842-1885), *Ha-Dat ve-ha-Haim* ("A Fé e a Vida") de Reuven Ascher Braudes (1851-1902), *Ha-Avot ve-ha Banim* ("Pais e Filhos") de Sch. Abramovitch (1836-1918) e boa parte da literatura iluminista no império russo.

Em função da campanha ilustrada pela modernização do judeu e de sua integração como cidadão na sociedade circundante, bem como do papel que começam a exercer as idéias avançadas de Tchernitchevski e Pissarev, os escritores *maskilim* desenvolvem uma produção que, embora não abandone os elementos "romântico-nacionais" inerentes a seu hebraísmo, focaliza em particular as "realidades" da vida judaica no Leste europeu, ou seja, na perspectiva da Hascalá, as misérias da "cidadezinha" -- gueto, com seus ambientes estagnados e sufocantes. A luta contra o conservantismo social e a ortodoxia religiosa, que constitui a bandeira da propaganda reformista, e, a seguir, até mesmo da socialista, é, pois, de grande peso neste realismo, que se distingue precisamente por seu acirrado "engajamento" social. Tendencioso, foi ele altamente polêmico, mas com isso colocou o debate e o exame críticos no próprio coração da atividade intelectual judaica, dando origem não só aos trabalhos de uma nova crítica literária, com Abraham Uri Kovner[4] (1842-1909) e Abra-

---

4. Os seus artigos, reunidos mais tarde em *Heker Davar* («Exame do Caso»), explodiram como uma bomba no meio literário da época. Passando em revista a situação das letras hebraicas, suas necessidades e dificuldades, ataca o caráter romântico, vazio e discursivo da produção ilustrada, cuja preferência por uma poesia inconseqüente, ou mesmo pelo gênero poético, em detrimento da prosa narrativa, das obras de história e de ciência, seria a prova mesma de seu caráter antiquado e inadequado. Sem crítica nem beletrística, escrita por autores que eram quando muito teóricos ou então imitadores e até simples tradutores, tratar-se-ia de uma literatura desligada da vida, entregue a irrelevância passadas, que só podia afugentar seus leitores. Gritantemente injusto como foi em muitos casos esse julgamento, de uma

ham Iaakov Paperna[5] (1840-1920), como toda uma literatura de ensaios, estudos e artigos, que o semanário *Ha-Melitz* ("O Advogado" ou "O Mediador"[6]), fundado por Alexander Zederbaum (1816-1893), e várias outras publicações periódicas hebraicas estampam. Essa classe de escritos representa parcela importante nas obras do poeta e fabulista Iehuda Leib Gordon[7] (1830-1892), o autor exponencial das idéias e tendências da Hascalá neste período, do romancista Peretz Smolenskin e, naturalmente, na do publicista Moische Leib Lillienblum (1843-1910), um dos principais porta-vozes do movimento iluminista hebreu-russo, ao lado de Gordon.

O malogro do reformismo liberal dos *maskilim* e o surto de anti-semitismo no Oriente e Ocidente europeus são alguns dos fatores específicos que começam a suscitar a consciência de que a Hascalá é incapaz de transformar essencialmente a terrível realidade social e nacional que

radicalidade nunca vista antes, serviu ele para sacudir a modorra intelectual reinante, embora Kovner acabasse por negar qualquer valor e possibilidade literária ao hebraico e ídiche, passando a escrever em russo e convertendo-se ao cristianismo.

5. Como Kovner, também criticou a literatura da Hascalá, com o desejo de modernizá-la em termos de realismo e de escoimá-la da pompa estilística e da oratória versificada. Mas Paperna envolve seu trabalho em um espírito construtivo e, na coletânea *Kankan Hadasch Male Iaschan* («Um Novo Vaso cheio de Vinho Velho») e na brochura *Ha-Drama bi-khelal ve-ha. Ivrit bi-Ferat* («O Drama em Geral e o Drama Hebraico em Particular»), procura armar o leitor hebreu dos conceitos de estética e crítica literárias da época.

6. «Entre o povo de Ieschurun e o Governo, entre a fé e a razão» é o lema deste periódico que procurou aproximar o povo judeu (Ieschurun) e o Estado russo, levar as massas ainda imbuídas da religião tradicional à educação e cultura seculares que a Hascalá (razão) defendia.

7. Introduzido no círculo de *maskilim* de Vilna pelo poeta Mikhel Gordon (1823-1890), seu cunhado, ligou-se aos Lebensons pai e filho, que lhe prestaram apoio nos primeiros passos. Mas a obra de Gordon, que se constituiria na coluna-mestra da poesia da Hascalá russa, apresentou-se desde logo com traços próprios. Mesmo em sua fase romântica, em que escreveu *Ahavat David u-Mihal* («O Amor de Davi e Mihal»), *David u-Barzilai* («Davi

Mêndele Moher Sforim ("Mêndele o Vendedor de Livros"), nome literário de Scholem Abramovitch, o mestre de duas literaturas, passa a fixar na narrativa hebraica, desde *Pais e Filhos*, em 1868, e na ídiche, com *Fiske o Corcunda, As Viagens de Benjamin o Terceiro, A Taxação, A Égua* etc., relatos novelísticos que o próprio Mêndele verteu para o hebraico. Diante deste quadro, algumas vozes voltam a examinar as bases da existência judaica. Já Smolenskin, no *Ha-Schahar* ("O Amanhecer"), fundado em 1868, protesta contra a depreciação racionalista dos valores típicos do judaísmo, estabelecendo em 1872 — no ensaio *Am Olam* ("Povo Eterno"), onde analisa os fatores que respondem pela permanência do povo de Israel, e no *Et Laassot* ("É hora de atuar"), publicado pouco depois e onde esboça um programa de ação — elementos que, derivados de Krochmal, Zunz, Luzzatto, vão catalisar a corrente do nacionalismo hebreu. Igual reação, embora mais conservadora, é a de Iehiel Mihel Pines (1843-1913), que nesta época polemizou com Li-

e Barzilai» e *Osnat Bat Potifera* («Osnat Filha de Putifar»), o seu estro já mostrava uma outra face, mais rija na construção e mais sapiente na significação. De fato, ainda em sua primeira etapa, cultivou o gênero de que foi mestre inigualado na literatura hebraica, o das fábulas, que coletou em 1859, nos *Mischlei Iehudá* («Parábolas de Judá»), compilação de material da mais diversa procedência cuja originalidade reside sobretudo na forma de tratamento. Entretanto, a figura literária e social de Gordon se fixou no período realista de sua obra, quando conjugou em versos como *Kozo schel Iod* («Pingo no I»), onde sai em campo para defender os direitos da mulher judia, o seu domínio do vocábulo e do ritmo hebreus com a força de justiça das causas públicas que o moviam. Tornou-se então o paladino das camadas mais oprimidas e mais humilhadas da sociedade judaica cujos males combateu nas suas principais manifestações e cuja modernização propugnou com uma dialética sagaz e contundente que anima tanto a sua produção poética quanto prosaica. Mas os ideais de Gordon sofreram rudes golpes com a crescente preponderância da reação anti-semita russa e é a de toda uma existência a frustração que, na terceira fase de sua carreira, a do despertar nacional, lhe dita a busca de uma nova perspectiva em *Ahoti Ruhamá* («Ruhama, Minha Irmã»), que termina com o chamado doloroso «Vem, minha irmã Ruhama, vamos partir», e no famoso *Bi-neareiunu u-vi-Zakeinu* («Todos nós iremos, moços e velhos»), cujo título mesmo se tornou uma espécie de epitáfio da Hascalá russa e de lema para a nova época que se abria para o judaísmo da Europa Oriental.

lienblum, Gordon e outros, em artigos estampados no *Ha-Karmel, Ha-Melitz* e *Ha-Levanon* e enfeixados, em 1872, nos *Ialdei Ruhi* ("Filhos de Meu Espírito"). São porém os terríveis *pogroms* tzaristas da década de 80, em cujas cinzas ficam sepultadas muitas ilusões ilustradas, que vão compor no Leste europeu os vários impulsos em prol de um *risorgimento* nacional judaico em uma corrente de maior vulto: o Hibat Tzion ("Amor a Sion").

O movimento que se desenvolve em torno do propósito de regenerar a vida do povo judeu, restabelecer o hebraico como língua corrente e renovar a nacionalidade judaica em Israel, é capitaneado por Leon Pinsker (1821-1891), um típico *maskil* russo cujo desengano resultou em 1882 no célebre apelo à *Auto-emancipação,* por Lillienblum e por outros expoentes do maskilismo e nacionalismo da fase anterior. Mas na realidade a sua força propulsora nasce fundamentalmente das inquietudes e dilemas de uma nova geração cujos motivos nele afloram e lhe dão a tônica. Isto é visível na poesia, onde as estrofes de Menahem Mendel Dolitzki (1856-1931) em *Ha-Halom ve-Sivro* ("O Sonho e a Interpretação"), de Naftali Herz Imber (1856-1909), autor do hino nacional hebreu *Ha-Tikvá* ("A Esperança"), e principalmente as de Mordehai Zevi Mane (1859-1886) em *Masaat Nafschi* ("O Anseio de Minh'alma") e *Am Olam* ("O Povo Eterno") e de Constatin Schapiro (1841-1900) nas baladas de *Me-Hezionot Bat Ami* ("Das Visões de Meu Povo") falam, numa linguagem por vezes ultra-romântica, cheia de arroubos proféticos e idealizações idílicas, da tragédia coletiva que suscita a solidariedade do poeta hebreu e alimentam os seus anseios de redenção nacional. O novo espírito também insufla o quadro de conflitos e desencontros que R. A. Braudes levanta em *Schtei ha-Ketzavot* ("Dois Extremos"), um romance que, apesar da qualidade artística da linguagem e da penetração social e psicológica das caracterizações, não escapa aos padrões de "tendência" do realismo iluminista, mas os engaja, de um modo bastante sintomático, na tentativa de encontrar uma via de contato entre o mundo tradicional do *hassid* e o mundo moderno do *maskil*.

De outro lado, o que a ficção e boa parcela da poesia da época apenas conotam, surge de maneira clara na exposição de idéias e no debate crítico, com Zeev Jaawitz (1848-1920), no ensaio, com Nahum Sokolov (1860-1936) e Reuben Brainin (1863-1932), na crítica e no publicismo, e, de uma forma mais do que indicativa, com Eliezer (Perelman) ben Iehudá (1858-1922), que no seu famoso artigo publicado em 1879, *Scheila Lohatá* ("Uma Questão Ardente"), antecipa os princípios do sionismo espiritual e da batalha ideológica pela readoção do hebraico como língua falada. Mas é com Ahad ha-Am ("Alguém do Povo"), pseudônimo de Ascher Ginzberg (1857-1927), que o processo ideológico do *risorgimento* e sobretudo o do pensamento do Hibat Tzion chegam a uma formulação mais profunda e de maior envergadura. Nos numerosos artigos publicados no *Ha-Melitz* e no *Ha-Schiloach* (mensário fundado por Ahad ha-Am e que tem o nome de um riacho de Jerusalém) e mais tarde reunidos nos seis volumes de *Al Peraschat Derahim* ("Na Encruzilhada dos Caminhos"), uma reflexão perspicaz e avessa a grandes arroubos, inspirada no historicismo krochmaliano visto à luz do positivismo de Spencer, James, Taine e Durkheim, foi estabelecendo assistematicamente, num estilo ensaístico lógico e pragmático, os elementos de uma concepção que, sob o nome de "sionismo espiritual" ou "cultural", irá servir de cimento principal para o nacionalismo judeu pré-herzliano. A corrente ahad-haamista, ao lado das idéias de Thedoro Herzl (1860-1904), das várias configurações do chamado "nacionalismo da Diáspora", que é culturalista e populista com Schimon Dubnov (1860-1941), territorialista e socialista com Haim Jitlovski (1865-1943), e das concepções sociais-revolucionárias e marxistas nos seus vários cruzamentos com as propostas nacionalistas e sionistas, será um dos principais lêvedos da literatura hebraica.

A efervescência intelectual e artística deste renascimento, que é o verdadeiro marco da modernidade judaica, imprimiu um ritmo inusitado à produção literária nos dois últimos decênios do século XIX. Trabalhada não só pelos confrontos ideológicos e sociais, como pelas indagações filosóficas e artísticas, ela se empenhou em atender todas as funções de uma literatura viva, isto é, em servir seu leitor não apenas na área especificamente judaica, mas também na geral e humana. Assim, passou a assimilar com intensidade o acervo literário ocidental e sobretudo a buscar nele critérios de valor estético, com o crítico, poeta, tradutor e contista David Frischman (1865-1922), que exerceu influência seminal no *fin de siècle* hebreu[8], e a

8. Se Frischman foi um inovador da linguagem e do tratamento do conto *(Iom ha-Kipurim,* «Dia da Expiação»; *Ha-Isch u-Miktarto,* «Um Homem e seu Cachimbo», *Titkhadeisch),* da balada, do poema narrativo e lenda em versos *(Bischvil ha-Moschiach,* «Por causa do Messias.; *Elilim,* «Ídolos»; *Agadot,* «Lendas»), do estilo das traduções hebraicas (com obras de Goethe, Byron, Nietzsche, Oscar Wilde), foi na crítica, sob a forma de folhetim e ensaio, que seu espírito agudo e atualizado se expandiu com excelência. Desde *Tohu va-Bohu* («Caos e Desolação»), título de um trabalho e da coletânea de análises críticas sobre a literatura da década de 1880, tornou-se uma espécie de árbitro do bom gosto e da construção harmoniosa em face da verbosidade, da composição anárquica e da digressão enxudiosa, Seu esteticismo estrito, cujo crivo pareceu à primeira vista muito negativo, na medida em que, numa literatura tão cerceada e onde toda criação era um ato de reforço, rejeitava ao limbo boa parte da produção romanesca, poética, ensaística e publicística de seu tempo, em nome da proporção, contenção, elegância e originalidade. Mas a longo prazo essa exigência acabou exercendo um papel positivo na evolução literária judaica, pois preparou as vias formais e estruturais para o seu acesso à arte do século XX.

captar, com o editor e narrador A. L. Schalkovitz ou Ben-Avigdor (1867-1921), principalmente em estórias da série dos *Sifrei Agorá* ("Livros de Tostão")[9], o real e o social dentro do popular e nacional.

Aliás, não foi outra a preocupação de Itzhak Leibusch Peretz (1851-1915), cuja obra é uma das mais sugestivas encarnações ético-estéticas desta procura do universal sob as velhas roupagens características. Se Mêndele, abandonando a pomposa retórica pseudobíblica (*melitzá*) que sempre persistira na prosa iluminista, criou uma língua literária, à base do hebraico da *Mischná* e de fontes posteriores, capaz de dar conta, com unidade estilística, das complexas exigências da escritura naturalista com respeito ao repertório e aos recursos idiomáticos, Peretz converteu-a na fala altamente individualizada e artística, de registros conotativos e tonais, do conto impressionista e simbolista. Por isso mesmo suas estórias hassídicas e populares, obras-primas da arte narrativa ídiche e hebraica, foram as verdadeiras precursoras não só da revalorização dos motivos folclóricos e tradicionais (os agádicos, por exemplo), como da valorização da sensibilidade moderna e do espírito universalista de uma nova literatura marcadamente judaica.

A descoberta peretziana da luminescência do hassidismo, visto em cores tão sombrias pelo racionalismo da Hascalá, foi compartilhada pelo contista Iehudá Steinberg (1861-1908), criador original, que colheu as alegrias e tristezas do *schtetl* em numerosos esboços e narrativas, como *Ascher ben Ascher, Aba Meir Melamed, Brit Milá*

---

9. Na realidade, a grande contribuição de Ben Avigdor está no domínio editorial onde os *Sifrei Agorá* levaram a literatura hebraica a novas camadas de leitores.

("Circuncisão") e cujos relatos sobre os *hassidim* (p. ex., *Ieruham Fischel Hanister*) foram incisões reveladoras do mundo cotidiano dos *tzadikim* ("justos", rabis hassídicos) e de seus beatos (*hassidim*). Ainda que a obra de Mica Iossef Berditchevski (1865-1921) apresente na ficção uma tendência não apenas romântica, idealista e folclorista, mas também realista, como evidenciam as várias coletâneas de suas narrativas (*Mi-Hutz la-Tehum,* "Fora do cercado"; *Me Emek Refaim;* "Do Vale dos Mortos"; *Bein ha-Homot,* "Entre as Muralhas", etc.), no pensamento, o opositor do intelectualismo positivista de Ahad ha-Am, colheu, sobretudo no veio hassídico da devoção "entusiástica", os primeiros elementos da manifestação energética e virtualmente humana que, mais tarde, na sua pregação nietzscheana da "transvaloração de valores" e libertação de instintos, iria procurar nas correntes e figuras heterodoxas ou inconformistas do passado judaico, desde os Zelotas do Segundo Templo (sob cuja égide colocou o seu nome literário: Bin Gorion). Além das estórias hassídicas que escreveu e que são consideradas, em sua caracterização da vida e do júbilo religioso desses beatos, as melhores da moderna literatura hebraica, Berditchevski formulou, com o ensaísta Aharon Zeitlin (1872-1943), uma base teórico-poética para este neo-hassidismo, em que mergulham por certo as raízes do existencialismo religioso de Martin Buber (1878-1965).

Bin Gorion foi sem dúvida o grande "rebelde" neo-romântico e, no dizer do historiador literário e crítico deste período Iossef Klausner (1874-1958), "o primeiro modernista da literatura hebraica", tendo contestado radicalmente, em certa época, seus padrões estéticos, suas tradições filosófico-religiosas e sua óptica moral e humana. Uma resposta menos extremada ao impacto da vida e cultura modernas, à perda de substância do mundo tradicional do judaísmo e ao desejo de ver normalizado e reviçado o organismo social e humano do povo aparece em Mordehai Zeev Feuerberg (1874-1899) cujas criações em verso e em prosa ressumam uma "dor nacional", reflexo hebreu da "dor universal", pela trágica e anômala existência judaica que não mais encontra, como nas gerações passadas, uma resposta na fé e na destinação, suscitando apenas no incrédulo e cético judeu de hoje a perplexidade e o desalento. Sua novela *Le'an* ("Para onde?") tornou-se a epígrafe clássica do dilema da jovem intelectualidade israelita do fim-do-século e de seu ideal de ressurreição nacional hebréia "em bases universais", segundo o espírito de Ahad ha-Am.

A mesma problemática, na mesma linha ahad-ha-amista, ressalta com uma vibração de outra ordem e com uma nitidez bem maior na pena de Haim Nachman Bialik (1873-1934), o cimo poético desse período e uma das vozes principais da criação hebraica no verso. Com efeito, o "poeta nacional", como foi chamado, celebra menos as glórias de Sion, do que exprime o drama do judeu moderno, seu desespero diante de um mundo que o rejeita e sua angústia em face da desintegração do velho e valioso legado nacional que ele não pode preservar por falta de raiz em um solo próprio. Fundamentalmente lírico, traço que comparte com a tradição da poesia hebraica em algumas de suas cristalizações mais representativas, como os salmos bíblicos e os *piutim* medievais, impregna de forte efusão emocional e coloração subjetiva até mesmo composições tidas como épicas: *Ha-Matmid* ("O Diligente Discípulo de uma Ieschivá"), *Be-Ir ha-Haregá* ("Na Cidade da Matança"), *Meguilat ha-Esch* ("Pergaminho do Fogo"), *Meitei ha-Midbar* ("Os Mortos do Deserto").

Nestes poemas e noutros como *Al Saf Beit ha-Midrasch* ("Ao Umbral da Casa de Estudos"), *Levadi* ("Sozinho"), *Akhen Hatzir ha-Am* ("Na Verdade o Povo é como a Relva"), *Iadati be-Leil Arafel* ("Eu soube numa Noite Escura"), as reflexões nostálgicas, as imprecações proféticas, as exprobações ao egoísmo e à mesquinharia, à falta de dignidade pessoal e coletiva, as conclamações ao reerguimento nacional, as lamentações da alma inatendida em seus anseios, as meditações sobre a felicidade do indivíduo e o dever para com o povo dizem de um espírito poético que vive a aspiração e a tragédia da nação como um sentimento e uma tribulação do eu. Assim não é de admirar que o *epos* do bardo se module tão naturalmente na lira do trovador e que a melancolia romântica, a cisma e a paixão amorosa em *Aiech* ("Onde Estás?"), *Hachnisini tahat Kenafaiich* ("Acolhe-me sob tuas Asas"), *Ha-Einaim ha-Reevot* ("Estes Olhos Famintos") ou a contemplação extasiada da natureza em *Ha-B'reikha* ("O Charco"), *Zohar* ("Esplendor") e *Mi-Schirei Horef* ("Das Canções de Inverno") tenham, com a riqueza de seu registro verbal e emocional, inscrito os versos intimistas e paisagísticos de Bialik entre as mais sensíveis expressões deste gênero no estro hebreu moderno. Na verdade, como escreve Ruth Finer Mintz: "Poesia lírica, cantiga popular, meditação, elegia, ode dramática, alegoria, lenda, conto e ensaio — tudo isso ele moldou com acentos líricos"[10].

Se Bialik, dando viva presença poética ao que é na existência judaica de então latejamento e premonição, é

---

10. E se se considerar não só na poesia como na prosa, a partir do romantismo, o peso crescente da «liricidade» como signo da presença do homem moderno, com sua consciência dividida, agônica, a confessar a alienação de seu «estar-aí», no mundo, em cada busca («maldita» ou não) e em cada encontro, também nisso Bialik é um poeta essencialmente «moderno», assim como o é na sua preocupação com as imagens claras e a linguagem

acima de tudo o vate do despertar coletivo do sentimento e da consciência nacional do judeu, Saul Tchernikhovski (1875-1943) é o oficiante de uma primavera dos sentidos e das potências naturais do homem no judeu como indivíduo. Enquanto o primeiro deriva do culturalismo positivista e organicista de Ahad ha-Am, o parentesco do segundo é com o energeticismo romântico e vitalista de Berditchevski. Panteísta, a natureza não é para ele algo inerte, mas um ser vivo que pulsa no "hissopo na parede, na gota d'água do rio", é Deus, não no céu, porém na terra, imanente a cada manifestação de uma força cósmica palpitante. O espetáculo dessa atividade inspira-lhe *Hezionot u-Manguinot* ("Versões e Melodias") que fazem soar um novo cântico na poesia hebraica, o do ditirambo dionisíaco.

De fato, como o próprio poeta adverte, em sua busca do primevo e vital, é o primeiro a aventurar-se decididamente por sobre o abismo que separa o mundo cultural do judaísmo, pelo menos nos termos das principais constantes que definem a sua tradição, e o do paganismo gentio. É nos estratos míticos e épicos do Egito, Babilônia, Canaã, Hélade, Rússia e Finlândia que sua imaginação e entusiasmo orgiásticos vão colher as raízes da vida, extraindo de seus simbolismos pagãos a seiva seminal para reverdecer a emaciada linguagem da segregada musa hebréia. Assim, no panteão do helenismo, "Diante da Estátua de Apolo" (*le-Nokhach Peset Apolo*), exalta no deus grego da forma e da beleza, mas também aqui do "estar-no-mundo" e do júbilo existenciais do dionisíaco, o Deus antigo de Israel, "Deus, Senhor dos desertos ma-

---

precisa, na sua preferência por ritmos subjetivos em vez de padrões métricos prescritos e, inclusive, por seus esforços pioneiros, no âmbito hebraico, a fim de amalgamar elementos e técnicas da poesia e da prosa.

ravilhosos. / Deus, Senhor dos conquistadores de Canaã pela tormenta / Que eles amarraram nas correias dos filactérios". Quer reencontrar no Deus da Torá a divindade primitiva, a que se perdeu com a "Morte de Tamuz" (*Mot ha-Tamuz*), o deus semítico da fecundação.

Mas os ritos celebrados nos *Sonetot Akum* ("Sonetos do Paganismo") são na verdade parte de um só "...segredo, segredo dos segredos — vida, / Assim foi entoado a ele este poema, este é o sol que me aquece, / Tenho sido para o meu Deus como a íris e a anêmona. / ..." ("Que nada tem neste mundo salvo o seu puro sol/"), dizem estes versos dedicados "Ao Sol" (*la-Schemesch*). Vê-se, pois, que o paganismo de Tchernikhovski não é apenas um espalhafatoso estandarte ideológico em que inscreve o seu protesto contra os padrões tradicionalistas judaicos e sua negação da corporeidade natural do "filho do homem". Tampouco constitui como em alguns poetas modernos, dos quais D. H. Lawrence é um exemplo significativo, uma exaltada resposta imaginativa ao anseio de libertar da repressão e inibição psico-sociais os instintos da natureza humana. Mais do que dar satisfação aos apetites e impulsos dos sentidos, trata-se aqui de celebrar, sob a forma da "intoxicação com o deus" e do ritual de sua adoração mitológica, o poder e o esplendor da criatividade cósmica, quer na violência ontológica da geração quer na harmonia estética da organização. Daí a volúpia báquica da experimentação e a contemplação serena, quase bucólica, a renúncia do além na fruição total do "aqui-agora" e a confiança humanística na nobre finalidade da existência, a complexidade caprichosa da emoção romântica e a simplicidade de uma expressão clássica. O jogo dialético constante entre captação multifária e visão unitária percorre esta poesia, onde Dionísio chama Apolo e se lhe submete de maneira surpreendente, mesmo na lírica de amor mais ardente.

Por outro lado, se em essência o mesmo encantamento com as energias fecundantes do ser e com a onipresença do espírito divino, referve na *joie de vivre* e no humor dos idílios que Tchernikhovski compõe, sob a influência de Goethe e em hexâmetros clássicos, não é menos certo que nesses versos coletados no *Sefer ha-Idiliot* ("Livro dos Idílios") pinta um largo afresco épico da vida popular judaica, de seus costumes, festas religiosas, cerimoniais de nascimento e casamento. O retrato poético do judaísmo vai, porém, além do *eros* de uma idílica existência judaica na Criméia da infância do poeta, pois a tragédia e a martiriologia de seu povo lhe haviam ditado anteriormente, e lhe ditariam mais tarde, baladas, como *Baruch mi-Maguenza* ("Baruch de Mogúncia") e *Haruguei Tirmunia* ("Os Mártires de Dortmund"), que são compostos com as cores de *thanatos*. Ao mesmo tempo, precisamente nesses cantos narrativos de caráter histórico, como os acima citados, alguns dos quais figuram entre o que este gênero produziu de melhor em toda poesia hebraica, repontam elementos marcantes do sentimento nacional de Tchernikhovski. Feitos de exaltação ao judeu em sua capacidade física de enfrentar as forças que se empenham em destruí-lo e de fazer-se, sob o nome dos protagonistas de seus fastos — os Macabeus, Saul, Bar Kochba e outros — o herói de sua identidade e destino como nação, *Harbi* ("Minha Espada"), *Be-Leil Hanuká* ("Na Noite da Festa das Luminárias"), *Al Horbot Bet Schaan* ("Sobre as Ruínas de Bet Schaan"), *Betará* ("Para Betar") enfatizam o orgulho e a vontade da subsistência coletiva. Em conexão com tais valores, que se afirmam numa expectativa a princípio tímida e depois declaradamente engajada no movimento de reabilitação do homem hebreu e de sua terra, nascem os versos de fervor sionista — *Omrim Ieschná Aretz* ("Dizem que há uma Terra"), *Al Harei Guilboa* ("Sobre os Montes do Guilboa") chamam os jovens a tomarem em suas mãos, como pioneiros e construtores, a tarefa de restaurar o povo em sua antiga pátria.

Não obstante o ideário sionista, a seiva criativa de Tchernikhovski não se aclimatou integralmente no meio eretz-israelense, quando pôde, em 1931, finalmente fixar-se aí de um modo definitivo. Sem dúvida não lhe faltou impulso para identificar-se com a vida da nova comunidade. Disso falam, em sua obra, não só as estrofes de militância em favor dos direitos nacionais judaicos na Palestina, como as de busca — inclusive pela revinculação "pagã" com a natureza e os cepos mais antigos (cananaita e hebraico) de uma cultura "nativa" do país — de raízes locais para Israel renascente em seu torrão histórico. Mas Tchernikhovski foi traído por ele mesmo. Em seu íntimo, algo o separava irremediavelmetne daquilo com que procurava unir-se organicamente. Eram as fontes principais de seu próprio ser. Elas pertenciam em essência a um outro mundo — o da Europa e do judaísmo tradicional. A eles é que se ligava o sentimento que, sob a forma de contradição trágica e idealização idílica, distanciava basicamente o poeta, apesar de suas convicções e entusiasmo sionistas, da realidade israelense.

A sombra cruel do nazismo e a ameaça de extermínio a evolumar-se com a guerra contribuíram para acentuar em Tchernikhovski a consciência trágica sobre o destino do povo e do indivíduo judeu, alimentando uma retrospecção no plano histórico-coletivo e psicológico-pessoal que, mais uma vez, como no período berlinense após a primeira conflagração e a revolução russa, o fazia estranho à vida judaica que se agitava à sua volta. Alguns de seus últimos poemas refletem perplexidades e dilemas daí decorrentes. Mas precisamente *Ama de Izahava* ("O Povo de Ouro", um idílio sobre a vida das abelhas e dos homens) e *Kokhevei Schamaim Rehokim* ("Estrelas dos Céus Longínquos", a derradeira composição do poeta, que serve de título à coletânea póstuma de 1944), duas realizações que rematam exemplarmente a *ars poetica* deste mestre dos modos épicos no poetar hebreu e que, por assim dizer, cristalizam sua meditação poética num legado espiritual, levam os elementos agônicos à conciliação de uma espécie de saber final que harmoniza, em *visio* socrática e apolínea, também a dualidade conflitante do trágico e do idílico em Tchernikhovski. É como se tudo o que se opusera à unidade primordial com a vida da natureza e dos homens a que aspirava o poeta e que o lançara em "di-visão", alienação e desterro — as lembranças felizes da infância e as provações da maturidade, as vozes do chão russo de origem e o apelo da terra israelense de destinação, as valorizações cambiantes do nacional e do universal na cultura, as atrações contrapostas do arcaísmo oriental e do modernismo ocidental na arte — é como se tudo isso, deixando de pulsar contraditoriamente, tivesse sido enfim reconciliado numa "compreensão" última. Nela o poeta já está "além" de seu mundo e, quase, de si próprio, contemplando um e outro como algo encerrado e totalizado no passado, na evocação melancólica do que é apenas objeto da memória e não da experiência viva dos sentidos. A presença que existe é, aqui, a da imagem do que existiu, e a vivência que ela anima é somente o sentimento de uma ausência: "Estrelas dos céus tão distantes, estrelas dos céus tão próximos, / Luzes distantes, tão distantes dos olhos que as contemplam, / Luzes próximas, tão próximas, do coração que está contemplando-as..."

Bialik e Tchernikhovski marcaram profundamente os seus contemporâneos e toda a criação literária hebraica do século XX, particularmente na poesia. O primeiro, suscitando dos recônditos do velho idioma e do espírito nacional potencialidades insuspeitas de expressão imagística e musical, exerceu desde logo forte impacto e suas pegadas, no terreno do intimismo retrospectivo e da dilematização dramática da existência judaica, constituíram orientação capital para a geração que se chamou sobretudo "de Bialik". O segundo teve um efeito crescente com o correr deste século, menos talvez pelas ousadias dionisíacas e nietzscheanas ou pelas conquistas "clássicas" nas formas hebraicas do soneto, balada, idílio europeus, do que pelo "espírito" experimentalista que introduziu na poesia hebraica, colocando-a na senda da aventura "modernista" das décadas de 1920 e 1930.

Os dois mestres da renovação poética e, mais ainda, o grupo de jovens poetas, ficcionistas e ensaístas algo mais novos consignam o preciso momento em que, na Europa Oriental, as letras hebraicas apuram sua exigência formal, ampliam seus recursos de linguagem e começam, em seu discurso criativo, a assimilar de maneira mais orgânica as correntes artísticas e literárias russas e ocidentais. Os românticos alemães, o simbolismo francês e russo refletem-se na lírica delicada, cheia de fervor pela natureza, musical e plástica, de Iaakov Cohen ou Cahan (1881--1959)[11], o que não o impede de voltar-se com veia épica

11. Dramaturgo e tradutor de Goethe e Heine, sua obra poética compreende sucessivos volumes de *Schirim* («Canções»). Do conjunto da produção de Cahan, vale destacar: *Helvetzia* («Suíça»), um ciclo em que a descrição da paisagem alpina assume contornos míticos; *Hazon ha-Tischbi* («A Visão de Elias»), onde investe, ao modo profético de Bialik, contra a desintegração

para o poema em prosa, impregnando-o de motivos nacionais e messiânicos. As mesmas influências filtram-se nas estrofes impressionistas, embebidas em tranqüila tristeza e intenso amor pela vida, nas ternas e sugestivas descrições paisagísticas de Iaakov Fichman (1881-1958)[12], um poeta que via no lirismo a suprema perfeição do homem e o caminho de redenção para tudo "o que existe no mundo e não é visto". Em Mallarmé, Hoffmannstahal, Stephan Georg, Rilke e Valéry, colheu Avraham ben Itzhak (Sonne, 1883-1950)[13] elementos de seu esteticismo simbolista, feito de imagens sutis, tons musicais, expressividade e verso livre, a compor emanações da mística hebraica e essências do universo platônico. Estímulos impressionistas e imagistas russos e franceses encontram-se presentes em Zalman Schneour (1887-1959)[14],

e mesquinhez na vida judaica, ao passo que *Mi-Schirei ha-Birionim* («Dos Cânticos dos Rebeldes»), num sopro tchernikhovskiano, enaltece a luta de redenção e liberdade travada pelos insurgentes judeus contra Roma; *Agadot Elohim* («Lendas do Senhor» procura recriar, em cinco episódios, um mito monoteístico; *Be-Luz* («Na Base») é um poema dramático onde se defrontam o mundo da pureza e da singeleza e o do progresso desenfreado.

12. *Guivolim* («Talos»), *Iemei Schemesch* («Dias de Sol»), *Tzelalim al Sadot* («Sombras sobre os Campos»), *Aviv be-Schomron* («Primavera na Samária») são os títulos de algumas de suas coletâneas de poemas. Seus numerosos ensaios literários e críticos, de tendência esteticista e preocupados com os valores intrínsecos da obra, discutem Mêndele, Ahad ha-Am, Tchernikhovski, Peretz, Frischman, Berditchevski e outros, incluindo dois estudos sobre a poesia e a vida de Bialik. Como tradutor, afora *Herodes e Miriam* de Hebbel, transpôs versos de Heine, Duhamel, Bunin, e textos em prosa de Hesse e Jens Peter Jacobsen.

13. Considerado por alguns como o primeiro poeta hebreu verdadeiramente moderno, publicou apenas onze poemas durante a vida, a maioria dos quais antes da Primeira Guerra Mundial. Não obstante, de *Horef Bahir* («Claro Inverno»), sua primeira composição impressa em 1908 até *Asrei ha-Zorim* («Felizes os que semeiam...»), que apareceu em 1928 e que é o último poema publicado por Ben Itzhak, fazem-se sentir, na técnica e no espírito, os passos de uma nova escritura poética. Esta produção e os inéditos que puderam ser encontrados (vários, lidos a amigos, se perderam) foram reunidos numa edição póstuma.

14. Dentre os seus versos, *Ha-Almoni* («O Anônimo») focaliza o homem moderno, espiritualmente devastado, sem ideais e valores; o ciclo *Manguinot Israel* («Melodias de Israel») salienta a missão espiritual de Israel entre as

temperamento dos mais vigorosos e originais da chamada "geração de Bialik", que põe seu notável poder de evocar colorido, textura e movimento a serviço de um simbolismo audaz e imaginativo, cheio de vitalidade sensual, cujas energias primitivas, misturadas estranhamente com um naturalismo extremado, nos contos e romances, são lançadas em desafio à sociedade industrial e seu maquinismo atentatório à natureza humana, ao ver do poeta. Da corrente naturalista russa deriva Isaías Berdschadski (Dumaschevitzki, 1871-1908) elementos importantes de seus romances realistas de frustrações pequeno-burguesas e judaicas, como *Beein Matará* ("Sem Objetivo") e *Negued ha-Zerem* ("Contra a Corrente"), onde, além de dar continuidade ao enfoque direto de problemas sociais, cria alguns dos ambientes carregados em que se nutrirá a "atmosfera" agoniada da "nova" ficção narrativa a surgir neste limiar de século. "Decadentismo" europeu, tragicismo dostoievskiano, tolstoísmo, Nietzsche e impressionismo tchekhoviano impregnam os relatos de vidas sem rumo, de heróis *deracinés,* anti-heróis de fato, abismados na dúvida e no desespero, que a pena subjetivista e introspectiva de Uri Nissan Gnessin (1881-1913), tradutor de Baudelaire, Tchekhov e Wassermann, compõe, com técnica associativa e tempo quase proustiano, nos surdos "fluxos de consciência" de *Hatzida* ("À parte"), *Beinatayim* ("Entrementes"), *Be-Terem* ("Antes") e *Etzel* ("Ao lado"); e que o espírito, não menos torturado e

nações; *Iemei ha-Beinaim Mitkarevim* («Estão voltando os Dias do Medievo») é uma antevisão notável, escrita à véspera de 1914, do despenhadeiro da guerra e do anti-semitismo em que cairia o mundo europeu; *Mahazor Ukraina* («Ciclo Ucraniano») evoca os horrores dos pogroms e *Luhot Guenuzim* («Tábuas Ocultas») é um mito da evolução do judaísmo antes que a doutrina profética prevalecesse. No romance, expressou-se em ídiche, alcançando grande popularidade com *Noé Pandre, Tio Zama* e *Homens de Schklov,* quadros vibrantes da vida judaica na Ucrânia, que foram traduzidos para o hebraico, inglês e francês.

pessimista, porém mais veemente e atuante, de seu amigo Iossef Haim Brenner (1881-1921) agita na busca existencial e social de uma geração cuja consciência se propõe em *Me-Emek Ahor* ("Do Vale de Tribulações"), *Ba-Horef* ("No Inverno"), *Schaná Ehad* ("Um Ano"), *Min ha-Metzar* ("Dentre o Apuro"), *Agav Orha* ("Incidentalmente"), *Bein Maim le-Maim* ("Entre Água e Água"), *Mi-Kan u-mi-Kan* ("Daqui e Dali") e outras narrativas onde este "santo secular", como foi chamado, deu forma à sua exigência de uma literatura que amalgamasse, com autenticidade artística e engajamento ético, o processo criativo, a obra de arte e a vida real. Um terceiro componente da tendência para a exploração analítica da subjetividade do indivíduo como via de acesso à captação ficcional da problemática do judeu na época moderna, é Gerschon Schofman (1880-1972). Tchekhov, Gorki e Peter Altenberg contribuem para a arte da sugestão psicológica, da precisão lingüística e da concisão simbólica que ele utiliza para fixar em seus contos e vinhetas sem enredo, rápidas sucessões de enunciados incidentais e ações episódicas, as inquietações e as figuras da marginalidade judaica e humana num universo solipsista, bloqueado em sua comunicação e esvaziado em sua significação, onde o aleatório se instala como *fatum*. Schofman, Gnessin e Brenner subvertem as formas de construção do relato, alicerçando-o no fragmento de idéia, emoção ou lembrança que fala da vivência interior e na conotação poética da palavra. Por isso mesmo, situam-se entre os precursores da ficção modernista na literatura hebraica.

Com os três últimos prosadores, aos quais cabe adicionar o poeta Iaakov Steinberg (1887-1947)[15], com seu

---

15. Um dos poucos exemplos de adaptação com êxito do estilo bíblico a uma linguagem moderna, antidescritiva, feita de oximoros e analogias, e a uma sensibilidade «crepuscular», imersa no *ennui* baudelairiano, uniu temas

individualismo cheio de amargura e aflição, a onda do "ressurgimento" de certo modo se interrompe e surgem sintomas de crise, que se acentuam após 1905 e os malogros que este ano assinala na Europa Oriental. Um temário de desenganos ideológicos e políticos, de desalento ante as "taras" nacionais, a mediocridade, a inautenticidade e passividade do judeu "galútico", bem como de perplexidades e descaminhos pessoais, carrega a produção literária do período com uma atmosfera de tensões existenciais, de ceticismo agudo. Este clima, que marca inclusive a obra de Bialik e sua geração, se mantém em essência até o término da Primeira Guerra Mundial, quando profundas transformações estruturais vão alterar inteiramente o panorama da literatura hebraica e suas tendências.

Na realidade, o processo principia muito antes, nos últimos decênios do século XIX, com o fluxo crescente da emigração que passa a deslocar os focos da criatividade cultural judaica e a acentuar seu policentrismo. A concentração americana assume uma importância cada vez maior e o núcleo palestinense, fruto de um movimento que por sua própria natureza arrasta principalmente a *intelligentsia*, desponta no horizonte. Esta evolução vai acelerar-se a partir de 1918, com a variante de que cresce incessantemente o peso de Eretz Israel como centro qualitativo, não obstante o papel que ainda está reservado à

«decadentes» e formas claras e duras, «sólidas pedras, cinzeladas» em poemas onde a imagem-analogia evoca a experiência com distância quase científica e verdade inexorável. Seu *Livro de Sátiras* é uma série de composições que expõe um mundo mergulhado na mais baixa e cínica degradação, ao passo que *Meholot* («Danças») gira em torno das desilusões do sonho. O cansaço e a busca do inatingível também aparecem em seus versos israelenses e os «Sonetos do Café» pintam a degradação dos habitantes da cidade. Contudo, a ensaística de Steinberg assume uma atitude positiva em relação ao renascimento de Israel em sua terra, recusando qualquer valor à Diáspora.

comunidade judaica na Polônia, com a desintegração do hebraísmo russo, e à criatividade hebraica nos Estados Unidos.

Rússia — Após a Revolução de 1917, o hebraico é cultivado livremente durante certo período e o grupo *Ha-Bimá* ("O Palco"), que desde o início se apresenta como um "teatro nacional hebreu", chega a ser instituição oficial soviética. Entretanto, aos poucos prevalece a orientação anti-hebraísta senão antijudaica do Partido Comunista, sendo coibidas as manifestações da cultura nesta língua — só a ídiche ainda será admitida por algum tempo — até serem totalmente proibidas por seus vínculos com o sionismo, tido por corrente nacionalista pequeno-burguesa. Ainda assim, mesmo depois que Bialik, Tchernikhovski e outros expoentes do hebraico deixam o país, e isto graças a Gorki, a produção literária hebraica não se esgota nas duas antologias de escritos publicadas legalmente — *Tziltzelé-Schamá* ("Sons Retumbantes"), 1924, e *Bereschit* ("Gênese"), 1927 — acumulando textos de todos os gêneros, sem poder imprimi-los. Lançada à clandestinidade, acarreta a seus autores perseguições e desterro para a Sibéria. É o que sucede com Elischa Rodin[16] (1888-1946), que plasma o seu apego ao hebraico em poemas e ensaios, editados sobretudo fora da Rússia e coligidos, em Israel, por A. I. Kariv, em *He-Anaf ha-Gadua* ("O Ramo Partido", 1954). Também é o que sucede com Haim Lenski[17] (1905-1942?), um poeta de no-

16. Foi dos poucos que ousou defender abertamente o cultivo do hebraico na Rússia soviética. Sua coletânea *Bi-Feat Nehar* («Num Canto Estrangeiro») contém os «Poemas da Prisão», dedicados a H. N. Bialik.

17. Preso em 1934 e condenado a trabalhos forçados na Sibéria, escreveu a Gorki: «Sou um poeta e meu único crime é que meus poemas foram escritos em hebraico». Não se sabe se o apelo de Lenski chegou alguma vez ao conhecimento do destinatário, mas o «crime» do poeta não foi perdoado, mesmo depois de cumprida a sentença, pois, solto em 1939 ou 1940, voltou a ser encarcerado logo em seguida, desaparecendo no desterro stalinista.

tável expressão lírica cujos versos escaparam da trágica sorte de seu autor e, sob o título de *Me-Ever Nehar ha-Lete* ("De Além do Rio Lete"), apareceram em Jerusalém, em 1960. Entretanto, alguns dos escritores hebreus do período soviético, como o romancista de *1919,* Avraham Freiman (1886-1953), o jornalista Dan Pines (1900-1961) conseguem, por volta de 1930, emigrar para Israel, em cuja vida e literatura se integram.

Polônia — Embora a Lituânia, Romênia e outros países da Europa Oriental e Central abriguem escritores hebreus atuantes, e na Alemanha se publiquem revistas literárias e obras importantes de Bialik, Tchernikhovski, Schneour, Buber e Agnon, que ali residem por algum tempo, não há dúvida que o lugar deixado pelo judaísmo russo é ocupado pelo *ischuv* polonês, que se converte no principal foco de irradiação cultural judaica entre as duas guerras. Aí, não só autores da velha geração, como Iaakov Cahan, Hilel Zeitlin (1871-1941) continuam produzindo, mas também emerge toda uma plêiade de novas forças criadoras, que rasgam perspectivas inesperadas e desenvolvem organicamente a literatura hebraica.

Este surto esteve de certo modo associado ao nome de um notável editor, Abraham Iossef Stybel (1885-1946). Sua casa editora em Varsóvia, com sucursais em Nova York e Tel Aviv, publicou, entre outras coisas, uma série de traduções do melhor que a literatura mundial podia oferecer e dois dos mais influentes órgãos literários da época: *Ha-Tekufá* ("A Época"), fundada na Rússia em 1918, mas logo transferida para a Polônia, sob a direção inicial de David Frischman, e *Miklat* ("Lugar de Refúgio"), nos Estados Unidos, entre 1919 e 1920, redigido por Itzhak Dov Berkowitz (1885-1967). Ambos os periódicos divulgaram um material de elevada qualidade artística e acolheram novos valores, mas o primeiro, graças ao impulso recebido por Frischman e de seu espírito sempre pronto a explorar caminhos inusitados, exerceu papel especial em seu contexto, conquistando tamanho prestígio que subsistiu até 1950, embora de maneira intermitente e errante, sendo publicado sucessivamente na Alemanha, Israel e Estados Unidos.

Mas os anos de desenvolvimento foram poucos, pois, em concomitância com a opressão política e econômica de que os judeus foram objeto na Polônia das décadas de 1920 e 1930, a atividade literária defrontou-se com dificuldades crescentes e declinou. Por isso os principais escritores procuraram emigrar. Os que não o fizeram, e a maioria dos jovens que começaram a revelar-se às vésperas da Segunda Guerra, caíram sob a sanha nazista.

Foi sobretudo na poesia que se manifestou a criação hebraica na Polônia, entre as duas guerras. Uri Tzvi Greenberg[18] (1894) surge em ídiche e hebraico com um estilo lírico e delicado, uma sensibilidade terna a descrever serenas paisagens "Algures sobre os Campos" (*Erguetz oif Felder*, 1915). Mas de súbito é tomado pela tormenta do vanguardismo estético. Sob influência expressionista, de cuja visão se faz pregoeiro na revista *Albatroz* (1922-23), sua inspiração se crispa e alteia a voz em tons onde ressoam ecos de Walt Whitman, principalmente de-

18. A obra poética de Greenberg abrange uma larga produção, da qual cabe mencionar livros como: *In Zeitens Roisch* («No Tumulto dos Tempos»), *Krieg oif Erd* («Guerra sobre a Terra») *Farnachtengold* («Ouro do Crepúsculo»), *Mephisto*, escritos até 1922, em ídiche; seguem-se, em hebraico: *Emá Gdolá ve-Iareach* («Um Medo Terrível e a Lua»), *Ha-Gavrut ha-Olá* («O Heroísmo Ascendente»), *Hazon Ahad ha-Leguionot* («Visões de Alguém das Legiões»), *Anacreon al Kotev ha-Itzavon* («Anacreonte sobre o Polo da Melancolia»), *Kelev Bait* («Cão de Casa»), *Sefer ha-Kitrug ve-ha-Emuna* («Livro da Denúncia e da Fé»), *Min ha-Hachlil u-Min ha-Kahol* («Do Corado e do Azul»), *Al Daat ha-Nes ha-Nichsaf* («O Milagre Almejado»), *Rehovot ha-Naar — Sefer Iliot ve-ha-Koach* («Ruas de Rio — Livro de Lamentações e da Força»).

pois que, em 1924, o poeta emigra para a Palestina, em busca de uma "décima Musa", liberta da arte greco-apolínea e, "Anacreonte sobre o Pólo da Melancolia", entregue à embriaguez extática, à visão profética de um pioneirismo messiânico em Israel. Seguem-se os anos em que na linha de seu manifesto de 1928 *Contra os Noventa e Nove* "cidadãos-escritores" de uma "Literatura dos Talentos", "melancólicos estetas espirrando com o aroma dos lilases ao crepúsculo", seu ativismo ultranacionalista e profetismo expressionista saem em "missão nacional", empenhados numa poesia "dos Destinos", que pretende incorporar à fala da tribo "uma resposta saída do sangue", um brado nascido do "princípio dinâmico de Israel". Na verdade, as vicissitudes da grei se fazem um *cri de coeur* do poeta que, perseguido desde *In Malkhus fun Tzelem* ("No Reino da Cruz", 1922, ídiche) pela antevisão de uma catástrofe iminente (p. ex., no *Sefer ha-Kitrug ve-ha-Emuná,* "Livro da Denúncia e da Fé", 1936, ídiche), conclama o seu povo a retornar do Ocidente, onde nada mais lhe resta a fazer e só ameaças funestas o espreitam. O martírio do judaísmo europeu arranca de Greenberg um clamor elegíaco que é dos mais poderosos da poesia hebraica moderna. O sublime e o patético dominam sua impostação em obras como *Rehovot ha-Naar* ("Ruas do Rio", 1951). Mais recentemente reverteu a si mesmo e às suas origens puramente líricas, mas com um vigor e poder de renovação que surpreendem e o colocam, mais uma vez, entre as forças mais autênticas e expressivas da criação poética judaica neste século.

À geração de Greenberg pertencem também: Ahron Zeitlin (1898-1973), que, na Polônia ou nos Estados Unidos, onde viveu após 1939, escreveu, com acento às vezes místico e interesse na vivência religiosa, poemas líricos, dramas (*Jakob Frank, Brenner*) e romances em hebraico e ídiche; Itzhak Katznelson (1886-1944), cujo *Poema do Assassinado Povo Judeu* ("Dos Lid fun Oisgehargeten Idischn Folk", ídiche) constitui, com as páginas de um diário em hebraico, um dos mais significativos testemunhos literários do Holocausto e da tragédia do *ischuv* polonês, e cuja obra inclui, além de poemas de maior amplitude, como *Ha-Navi* ("O Profeta"), versos que, por sua singeleza e musicalidade, se arraigaram no cancioneiro das escolas e da música popular israelense, bem como peças de teatro que continuam a ser apresentadas nos palcos judeus.

Mas não resta dúvida que a figura marcante deste período e do centro hebreu-polonês é Matatihau Schoham (Polakievitch, 1893-1937). Dedicou-se a vários gêneros. Começou pela poesia lírica e dramática. Na primeira, *Schulamit* ("Sulamita"), *Katzir* ("Colheita"), *Perat* ("Semente"), *Ahava* ("Amor"), etc., o tema do amor primitivo e sensual se articula densamente, através de uma linguagem semeada de palavras arcaicas e construções inusitadas, em configuração mítica do ciclo da existência humana. Nos poemas dramáticos, *Kedem* ("Outrora"), *Ur Kasdim* ("Ur dos Caldeus"), *Eretz Israel,* voltados para o sentido da presença do judeu nos velhos e novos tempos, também é mítica a concepção de história que os enforma, pois o destino judaico é visto à luz da tensão polar e do embate entre Ocidente e Oriente e a salvação de Israel depende não só do retorno às origens, mas também do triunfo do princípio oriental, o dia que expulsa a noite, *Aura-Masda* e *Arimã* na mitologia masdeísta, e devolve a Nimrod o seu domínio. Mas foi na dramaturgia que Schoham encontrou o meio mais congenial para expor tais elementos e seu entrelaçamento com a problemática judaica. Assim, em moldura bíblica, com personagens que encarnam destinos históricos conflitantes, procurou iluminar questões e oposições que transcendem o plano da história, mormente o confronto do Espírito com a Força, e no entanto se materializam nos choques históricos de culturas, crenças etc. Mas sua trilogia, *Ieriho* ("Jericó"), *Bilam* ("Balaam") e *Tzor vi-Iruschalaim* ("Tiro e Jerusalém"), também abriga referências à atualidade e premonições do desastre, que, na sua quarta peça, *Elohei Barzel Lo Taasé Lehá* ("Não farás para ti deuses de ferro", 1935) se tornam proféticas. Mas não são apenas esses temas e idéias que dão relevo às criações dramatúrgicas de Schoham. Ainda que seus protagonistas sejam em geral de caráter simbólico e que as falas por eles proferidas incidam constantemente no alegórico, conseguem gerar uma poderosa tensão emocional e ideológica, que o estilo arcaizante e o verso expressionista, os recursos ao mimo, às cenas de massa e aos deslocamentos do ponto de vista sublinham com traços exóticos e grotescos, convertendo essas peças, que foram consideradas antiteatrais por muito tempo, em precursoras de uma nova dramaturgia hebraica.

Estados Unidos — Acompanhando as correntes da emigração judaica nos séculos XIX e XX, numerosos escritores hebreus dirigiram-se para a América. Entre os primeiros que aí aportaram, alguns já eram nomes firmados no contexto judeu-russo. É o caso de M. M. Dolitzki e N. H. Imber, que, no entanto, nada fizeram de importante no novo ambiente, onde se sentiam desarraigados e desligados de suas fontes vitais.

O quadro começou a mudar por volta de 1914, quando homens como Reuben Brainin, Schimon Ginzburg (1890-1944), Hilel Bavli (Raschgolski, 1893-1961) começaram a aglutinar-se em torno da revista *Ha-Toren* ("O Mastro"), dirigida por I. D. Berkowitz, que também redigiu, nos primeiros anos do após-guerra de 1914-18, o periódico *Miklat*. Houve então um breve desenvolvimento, que logo decaiu, embora, nas décadas posteriores, o trabalho hebreu prosseguisse, em publicações como o semanário *Ha-Doar* ("O Correio") e *Bitzaron* ("Fortaleza"). Mas uma evolução de vulto só ocorreu depois da Segunda Guerra Mundial.

A produção hebraica nos Estados Unidos girou ao redor da lírica e do verso narrativo, gênero em que realizou obras de mérito artístico. Suas experiências na poesia dramática e no campo da ficção romanesca ou do conto também são dignas de nota.

Assim, com Benjamin Nahum Silkiner (1882-1933), um dos redatores de *Ha-Toren,* aparece, pela primeira vez nas letras hebraicas, um *epos* relativo aos peles-vermelhas e sua luta contra o domínio espanhol, em *Mul Ohel Timura* ("Diante da Tenda de Timura", 1910). Efraim E. Lisitzki (1885-1962), inspira-se na natureza americana e nas lendas indígenas para compor, ao modo de *Hiawatha* de Longfellow, *Medurot Doahot* ("Fogueiras que se apagam") e entrança em *Be-Ohalei Kusch* ("Nas Tendas de Cusch") relatos e canções folclóricas, sermões e *spirituals,* usos e práticas dos negros do Sul, sendo que estes motivos *Da Boca dos Negros* ("Mi-Pi Kuschim") também se fazem ouvir em Aisic Silberschlag (1903-) cuja obra poética, sobretudo nas coletâneas *Bi-Schvilim Bodedim* ("Em Trilhas Isoladas") e em *Ale Olam be-Schir* ("Ergue-te ó Mundo em Canto"), tem no amor à vida e à natureza um de seus traços determinantes. Isaac Israel Efros (1891) explora, na esteira de Silkiner, os *Vigvamim Schotkim* ("Wigwams (Cabanas) Silenciosos"), um poema sobre os índios americanos, e em *Zahav* ("Ouro") descreve a corrida ao ouro da Califórnia, em 1849. A megalópolis ianque agita-se, gigantesca e anã, mar de massas humanas em movimento mecânico e mecanizado e deserto de relações entre os homens, no poema *New York* de S. Ginzburg; e I. D. Berkowitz, preocupa-se, em seus relatos, com os problemas da imigração (*El ha-Dod ba-Amerika*, "Ao Tio na América"; *Iarok*, "Verde", isto é, recém-chegado; *Mi-Merhakim*, "De Longe"), e com o *Karet* ("Proscrito"), a morte prematura que ameaçava, ao ver do autor, o judaísmo americano, sob o impacto das forças descaracterizadoras da civilização industrial e de massas. O tema do desajustamento do judeu do *schtetl* na voragem da América atrai ainda o narrador Samuel Leib Blank (1893-1962), cujo pulso literário deve ser julgado, no entanto, não por esta faixa de sua obra, com acentos melodramáticos e folhetinescos, como é o caso de *Mr. Kunis*, e sim pelo mundo robusto, rude e saudável da vida judaica na Bessarábia, que recria, sem maiores profundezas psicológicas, mas com o encanto, naturalidade e clareza do *conteur* popular, na tetralogia *Tzon* ("Ovelha"), *Adamá* ("Terra"), *Nahalá* ("Herdade"), *Moschavá* ("Povoado").

A trajetória histórica do povo judeu tampouco é esquecida. Harry Sakler (1883-), procurou, em todos os gêneros literários, sobretudo em romances como *Festival em Meron*, sondar o mistério da existência de Israel. Iohanan Tverski (1900-1967) romanceia alguns de seus grandes momentos e nomes (*Ahad ha-Am, Alfred Dreyfus, Raschi* e outros), produzindo com os três volumes de *Uriel Acosta* uma das melhores realizações hebraicas no gênero. O velho repositório bíblico, que é uma fonte constante da poesia hebraica onde quer que esta se encontre, tenta o lirismo filosofante de Schimon Halkin (1898), não diretamente em *Baruch ben Neria,* uma composição seminarrativa sobre a tragédia do discípulo de Jeremias, mas outrossim em poemas como *Tarschischa* ("Para Tarsis"), de sua coletânea *Al ha-I* ("Sobre a Ilha"), em que o caráter absolutamente lírico e moderno da situação colocada, não impede que os versos ganhem significação e ressonância de referentes proféticos e bíblicos. Ao mesmo tempo, os vínculos com Israel contemporâneo não se desfazem: Haim Abraham Friedland (1891-1939) os evoca, em alguns de seus magistrais *Sonetos* ("Sonetot") e *Poemas* ("Schirim"), aspectos do "halutzianismo" sionista, e Hilel Bavli os celebra declaradamente em *Neguinot Aretz* ("Melodias da Terra"), ou através de um prosélito russo, *Sergaiev Mikfar Tavor,* a "Sergaiev do Monte Tabor".

Muitas vezes, o quadro estrito do judaísmo e do americanismo é, nesta literatura, ultrapassado por um estro em que o intelecto e a emoção se fundem em indagações de âmbito universal. É o caso de Avraham Reguelson (1896-)[19] em seu poema *Caim e Abel* ("Cain ve Hevel"), o choque entre o homem de ação, construtor impiedoso de cidades, sedento de riqueza e domínio, e o homem de espírito, o sonhador que vê nos bens materiais a fonte de todos os males. Ao mesmo plano, mas com menos amplitude mítico-épica e uma imageria menos portentosa e um intelectualismo mais impregnado de experiência

19. Afora as poesias coligidas em *Hakukot Otiotayikh* («Gravadas estão Tuas Letras»), que é igualmente o título de uma composição onde celebra a língua hebraica, seus ensaios e críticas formam *Melo ha-Talit Alim* («Um Xale Cheio de Folhas») e *Scham ha-Bedola* («Lá está o Alabastro»).

existencial, já por sua origem no hassidismo do *Habad*[20], pertence também aquela parte da obra poética de S. Halkin cujo tema recorrente é o sofrimento do ser humano, alienado. Ainda que as poesias de Gabriel Ioschua Preil (1911), o principal modernista hebreu na América, se distingam, com seus ritmos sem rima, na fronteira da prosa, pelo poder de "lirificar" coisas e momentos dos mais simples e banais, *Nof ve-Schemesch u-Kfor* ("Paisagem, Sol e Geada"), *Ner Mul Kohavim* ("Vela contra Estrelas") e *Mapat Erev* ("Mapa do Anoitecer"), seus conjuntos de versos, registram, além do instante de lembrança, ânimo ou imagem, a luta criativa de um poeta sensível aos problemas e às angústias do mundo moderno, deste mundo que cambaleia à beira do abismo.

Israel — Naturalmente, devido à constante que norteou por quase dois milênios a literatura hebraica e ao processo histórico-social do judaísmo moderno, que concentrou nas correntes do sionismo as possibilidades de uma subsistência específica, senão religiosa, pelo menos cultural e nacional, o centro de gravidade desta literatura desloca-se gradativamente desde o início do século XX para Eretz Israel. Contudo, só depois de 1918 é que este fato se torna mais palpável, não apenas porque os principais autores hebreus acabam emigrando para lá, por força de suas tendências ideológicas pessoais e das circunstâncias políticas reinantes sobretudo na Europa, mas também porque a crescente comunidade judaica na Palestina passa a desempenhar, do ponto de vista qualitativo, pela própria natureza dos objetivos que a trouxeram, um papel cada vez mais importante na vida dos judeus

---

20. Sigla de *Hochmá* («Sabedoria»), *Biná* («Entendimento») e *Daat* («Conhecimento»), *Habad*, é uma tendência do movimento hassídico, fundada por Schneour Zalman de Liad, que combinou os ensinamentos da Cabala de Luria com os do hassidismo do Baal Schem Tov.

da Diáspora, tornando-se indiscutível e central, neste contexto, sua primazia política, cultural e artística com o surgimento do Estado de Israel.

Já no início do processo dá-se um evento de sumo valor. Graças aos esforços do lexicógrafo Eliezer ben Iehudá[21] e das doutrinas de que as primeiras ondas imigratórias do Retorno, *aliot,* estão imbuídas ou que elas desencadeiam, o hebraico volta aos poucos à condição de instrumento de comunicação cotidiana, isto é, de língua falada. Além disso, no mesmo ritmo ou, antes, a passo mais acelerado, pois na raiz do restabelecimento judaico estão antes de tudo o Livro, a Escritura e a literatura, enceta-se em Eretz Israel a criação literária local.

Sob a égide do regresso à terra, Mosché Smilanski (1874-1953), que fez sua *aliá* em 1890, começa a produzir, ao lado de copiosa colaboração jornalística na imprensa hebraica russa e palestinense, narrativas sobre a vida não apenas dos colonos judeus. Aos seus vizinhos árabes dedica, sob o pseudônimo de Hawadja Mussa (Sr. Moisés), numerosas estórias, mais tarde reunidas em dois volumes, com o título de *Bnei Arav* ("Filhos da Arábia"). O mesmo estilo vivo e, às vezes, romantizado, cheio de calor humano, com que introduz o leitor hebreu no mundo exótico e colorido, mas também estreito e obscuro, do *felá* (camponês) e do beduíno, serve-lhe para pintar os primeiros quadros contísticos de uma nova exis-

---

21. Embora sejam numerosos seus escritos esparsos reunidos em várias antologias póstumas e seja autor de livros e panfletos, como *Eimatai Diberu Ivrit?* («Até quando foi o hebraico falado?»), sua grande obra é o monumental *Milon ha-Laschon ha-Ivrit ha-Ieschaná ve-ha-Hadaschá* («Dicionário Completo da Língua Hebraica Antiga e Moderna»), cuja publicação começou em 1910 e, após a morte de Ben Iehuda, em 1922, esteve a cargo de sua mulher, Hemda, e de seu filho, Ehud, concluindo-se em 1959, com um total de 17 volumes e uma introdução geral, *Ha-Mavo ha-Gadol*.

tência judaica no velho mas novo *habitat*. Homens e mulheres, relações e problemas são assim recortados em tipos e casos desta gênese, de sua atmosfera e espírito. Não obstante a crítica que atualmente se faz às suas deficiências literárias, é uma obra de pulsante ternura e compreensão humanas, sendo um testemunho precioso dos esforços e sentimentos que se desenvolveram nessa época, hoje heróica, para os israelenses.

Um estímulo de ordem inteiramente diversa é o que incita a pena de J. H. Brenner (v. pág. 88). Em lugar do bondoso populismo de Smilanski, temos aqui o olhar profundo e angustiado de uma personalidade "estigmática", que traz a marca vivencial dos grandes problemas judeus e humanos da época. Sua crítica aguda exerce, todavia, um efeito profundamente positivo, na medida em que demonstra a impossibilidade de uma saída exceto pela reconstrução radical da vida do indivíduo e da sociedade judaica. Brenner será um dos guias espirituais dos jovens que, cortando os laços tradicionais da Diáspora judaica com a vida urbana e intelectualizada, começam então a estabelecer as comunidades agrárias de tipo coletivista, isto é, *kvutzot* e *kibutzim*.

Tzvi Schatz (1890-1921), assassinado com Brenner em Iafo, que iniciou o registro ficcional das experiências do indivíduo no *kibutz*, com *Al Gvul ha-Demama* ("Na Beira do Silêncio") e *Batiá*, foi dos primeiros poetas modernos a adotar em seus versos o acento *sefaradi*, na última sílaba. O fato tinha considerável importância, pois a utilização desta pronúncia assinalava não só a presença de um novo fator a moldar a linguagem poética, a do hebraico falado em Eretz Israel, como a ruptura com toda uma tradição literária baseada no acento *aschkenazi*, na penúltima sílaba, e que era a dos autores da Europa

Oriental, inclusive dos maiores, como Bialik e Tchernikhovski. Na verdade, e as dificuldades com que se defrontou toda esta geração em seu período israelense o comprovam, a mudança prosódica já era também a do ritmo e impostação, das perspectivas e tendências tanto da poesia especificamente quanto da literatura hebraica em geral.

A nova ênfase em todas as suas implicações encontrou, desde logo, na "geração de Bialik", um representante significativo em David Shimoni (Schimonovitch, 1886-1956; esteve na Palestina em 1909-1910 e radicou-se aí, em 1921), que, após uma primeira fase lírica, elegíaca, cheia de sombras (*Ieschimon,* "Desolação", seu primeiro livro, 1911), se pôs a instilar o elemento israelense no idílio tchernikhovskiano, celebrando a paisagem e o novo homem que nela se insere, o pioneiro, e mais especificamente o *halutz* da Segunda Aliá. No mais conhecido de seus ciclos poéticos, os *Idiliot,* conjunto de nove composições seminarrativas, se destacam: *Iaar be-Hederá* ("Bosque de Hederá"), que descreve a vida dos trabalhadores nas plantações de eucaliptos do Fundo Nacional; *Iovel ha-Eglonim* ("O Jubileu dos Carreteiros"), um festejo num acampamento de *halutzim* porque quinze deles se haviam tornado carroceiros nas colônias judaicas; *Ha-Iore* ("Primeiras Chuvas") e *Leket* ("Respiga"), sobre a vida dos judeus iemenitas[22]. Se Schimoni é certamente, apesar da infusão lírica que sua obra encerra, o épico deste período do Retorno, I. Fichman (em 1911 viveu na Palestina, voltando em 1919, definitivamente) é o poeta

---

22. Caberia ainda citar, na obra de Schimoni *Bischvilei Habivar* («Pelos Caminhos da Casa dos Bichos»), parábolas e sátiras sobre acontecimentos sociais, políticos e artísticos; *Be-Haschai* («Em Segredo»), meditações poéticas; *Eschet Iov* («A Mulher de Jó»), um poema que coloca o problema do sofrimento humano e da moral; *Moledet* («Pátria»), uma série de relatos sobre a vida palestinense; *Sefer ha-Poemot* («Livro dos Poemas») etc.

lírico da segunda *aliá,* distinguindo-se, mesmo em sua notável arte de registro paisagístico, pela captação espiritual, musical, interior, do sujeito, e não pela exposição física, plástica, exterior, do objeto.

Com estes autores efetua-se um primeiro levantamento literário do panorama geográfico, social e humano da "terra reencontrada", fulcro também da reflexão filosófica e ideológica de Ahron David Gordon (Podólia, 1856-Degânia, 1922). Tolstoiano e ahad-ha-amista, influenciado por Thoreau e pelos socialistas russos, procurou desenvolver na sua ação e nos seus escritos (coligidos nos *Ktavim*) um "novo estilo" de humanismo nacionalista e socialista judeu baseado na "religião do trabalho" (*dat ha-avodá*), na volta à natureza e à simplicidade camponesa. Do restabelecimento pleno desta relação primeira, resulta, para Gordon, não só na redescoberta da religião, no sentido mais profundo, e na reconquista do sentimento de unidade cósmica, mas também na restauração do contexto orgânico do homem, que não é o Estado e sim a comunidade, o povo, que é uma entidade cósmica viva e cujo conjunto forma a humanidade. Tais idéias, que situam na regeneração da vida criativa do indivíduo e na retomada do contato com o solo as condições para o renascimento da nação em Israel, exerceram efeito profundo sobre a *halutziut,* o pioneirismo.

O "halutzianismo", por seu turno, foi o movimento que, ao lado das correntes estéticas modernistas, marcou o espírito e as tendências da literatura hebraica na Palestina, principalmente na década de 1920. Na temática do *halutz,* do jovem pioneiro que através do labor pessoal e da disposição para o sacrifício realiza a ascese e a construção redentora do povo, inspirou-se uma vasta messe poética. Além da chamada "geração de Bialik e

Tchernikhovski", que começa então a fixar-se e a produzir em Eretz Israel, comparece nela um grupo de transição e outro de jovens que une por vezes o vanguardismo socionacional com o artístico.

Na plêiade intermediária, Iehudá Karni (Volovelski; Rússia, 1884-Tel Aviv, 1949), abandonando o estro individualista, romântico e abstrato de *Schearim* ("Portões"), versos que escreveu antes de emigrar em 1921 para a terra de Sion, deu expressão vigorosa e original ao esforço daqueles anos, sobretudo no sentido da integração psicológica e da ambientação geográfica na identidade israelense emergente (*Be-Schearaich, Moledet,* "Em Teus Portões, Pátria"), mas foi *Jerusalém* ("Ieruschalaim") que sensibilizou particularmente, com o despojamento de sua beleza pedregosa e seu halo de perene investidura histórica, o poder expressivo de Karni e imprimiu em suas estrofes concisas, de fala corrente, com detalhes do cotidiano, os signos do desamparo e da reconstrução de Israel na cidade de seus anseios milenares.

Ao lado de Karni, pode-se invocar o nome de Rahel (Raquel Bluwstein; Rússia, 1890-Tel Aviv, 1931). Uma das introdutoras do estilo coloquial direto na poesia hebraica moderna, procurou exprimir-se numa linguagem isenta de modismos e clichês literários, de breve mas profunda entonação emocional e sugestiva musicalidade[23]. Seus versos, que gozaram de grande popularidade nos movimentos juvenis, dizem inicialmente de suas experiências de *halutzá* animada pelo sionismo existencial de Gordon, a quem dedicou a poesia de estréia, *Halach Nefesch* ("Estado d'Alma"), 1920. Mais tarde, quando acometida pela tuberculose, as angústias da enfermidade e a expec-

23. *Kineret, Veulai* e outras canções foram musicadas, figurando no repertório popular.

tativa da morte toldam o seu espírito de melancolia e pessimismo elegíacos, embora continue repontando nele, polifonicamente, os motivos do amor à vida e às suas potencialidades[24].

Um terceiro autor que vale colocar neste momento, embora por muitos aspectos esteja à frente dele, é Avigdor Hameiri (Feurstein; Hungria, 1890-Israel, 1970). A literatura expressionista encontrou nele um de seus primeiros representantes hebreus e foi também em numerosos versos como *Schirat ha-Kvisch* ("Canção da Estrada"), uma das vozes da corrente pioneirista-modernista, tendo defendido inclusive estas posições estéticas e sociais, não só em duas revistas literárias de vanguarda, *Lev Hadasch* ("Novo Ânimo") e *Ha-Mahar* ("O Amanhã"), onde tudo era feito por ele sozinho numa espécie de *one man show*, como no primeiro cabaré literário e político hebreu, o teatro de sátira *Ha-Kumkum* ("A Chaleira", 1927). Mas, não obstante as metáforas atrevidas, e a dicção vanguardista, suas poesias, editadas em *Halev Em* ("Leite Materno"), *Ha-Moked ha-Ran* ("O Coração Cantante"), *Halomot schel Beit-Raban* ("Sonhos de um Garoto de Escola") e outros livros, são movidas sobretudo pelas vivências dramáticas de uma geração de choque e mudança, testemunha e partícipe da derrocada de um mundo e de sua ordem de valores, cujo estupor é especialmente ressaltado na prosa ficcional de Hameiri.

É porém do grupo mais jovem que saem as três figuras representativas desta fase: Uri Tzvi Greenberg (v. pág. 92), Itzhak Lamdan e Avraham Schlonski, todos pertencentes à terceira vaga imigratória do Retorno.

---

24. Em vida, Rahel publicou duas coletâneas: *Safiach* («Segunda Colheita») e *Minegued* («Do Lado Oposto»). *Nevo* («Monte Nebo») apareceu postumamente. O conjunto de suas criações e traduções de poesia foi editado sob o título *Schirat Rahel* («Cantos de Rahel»).

Como U. Tz. Greenberg, mas sem a sua militância estética, Itzhak Lamdan[25] (Ucrânia, 1899-Israel, 1954) sofreu a atração do expressionismo europeu, mas logo refreou o pendor individualista e subjetivista, ou melhor, fazendo do "grito" existencial uma concha para o clamor social, imbuiu o "eu lírico" de forte ressonância épica e nacional, pondo-o a serviço da redenção coletiva. É o que qualifica precisamente a obra que o inscreveu na literatura hebraica, pois a fusão entre consciência e experiência grupal e individual percorre os seis cantos de *Masada* (nome do último reduto zelota de resistência aos romanos, em 73 e. C.). Escrito em versos brancos, com rica imagística expressionista e cadência de proferição bíblica, gira em torno da idéia de que, após os horrores dos *pogroms* e da guerra no quadro da civilização européia e após a falência das promessas revolucionárias e as utopias ideológicas, só resta ao judeu fazer da Terra de Israel o bastião de sua liberdade e travar aí a derradeira batalha por seu direito de existência e pelo da nação. O poema, que trazia em suas linhas o estado de espírito da jovem geração daqueles anos, foi um verdadeiro manifesto poético das aspirações humanas e judaicas dos *halutzim*.

A turbulência interior e a sensibilidade social, que produziu na poesia de Lamdan e Greenberg uma simbiose espiritual e artística de elementos nacionais e expressionistas, também caracteriza Avraham Schlonski[26] (Ucrâ-

---

25. A produção poética de Lamdan inclui, afora *Masada*, os versos coligidos em *Ba-Ritmá ha-Meschuleschet* («Triplo Arnês»), *Mi-Sefer ha-Iamim* («Do Livro dos Dias»), *Be-Maalé ha-Akrabim* («No Passo dos Escorpiões»). Durante vinte anos editou a revista literária *Guilionot* («Páginas») e outros periódicos. Traduziu também para o hebraico obras de Conrad, Jack London, D'Annunzio e outros.

26. De particular importância para o teatro e a literatura em Israel são as suas traduções, figurando neste rol Gogol, Puschkin, Molière, Shakespeare, Brecht, Gorki, Block, Sologub etc.

nia, 1900-Israel, 1974) voz autêntica do engajamento halutziano — nos ciclos do *Guilboa, Amal* ("Labuta", onde ele se diz "Abraão, poeta-pavimentador de estradas") e *Izreel* — mas ao mesmo tempo audacioso inovador literário, à cuja volta começou a aglutinar-se, já na década de 1920, o grupo dos "modernistas". Influenciado pelo simbolismo e cubofuturismo russos, sobretudo por Bloch, Iessenin e Maiakóvski, revoltou-se contra o conservantismo político e estético de Bialik e contra o tradicionalismo e o provincianismo na dicção, idioma e temática, exigindo a liberalização da sintaxe hebraica e a legitimação do novo idioma falado como fonte de linguagem na poesia. A nova nação, argumentava ele, devia assumir as conseqüências de seu estatuto no mundo de hoje, secularizando-se e modernizando-se, inclusive no plano literário. Era uma reivindicação irrecusável, que de um ou de outro modo a literatura hebraica em Israel acabou incorporando. E não há dúvida que ela o fez, principalmente na poesia, graças à contribuição decisiva do próprio Schlonski, não só em matéria intelectual e crítica, como, acima de tudo, na criação artística. Com efeito, tanto quando à sua ação de *enfant terrible* e missionário da renovação, deve-se à sua produção poética o fato de o verso israelense ter-se dessacralizado na sua locução e sintaxe, sem cortar a relação viva, mas não normativa ou modelar, com uma das fontes mais ricas da linguagem poética hebraica, que é a Bíblia. Fundindo coloquialismos de uma nova circulação lingüística do velho idioma, neologismos importados necessariamente no contexto de uma sociedade atual, invenções verbais determinadas pelo jogo criativo, com padrões e figuras bíblicas ou orientais, o poeta de *Devai* ("Aflição"), *Ba-Galgal* ("No Ciclo"), *Le-Aba-Ima* ("Ao Pai-Mãe"), *Be-Ele ha-Iamim* ("Nos

Dias de Hoje"), *Avnei Tohu* ("Pedras do Caos"), *Schirei ha-Mapolet ve-ha-Piyus* ("Cantos do Cataclisma e da Conciliação"), *Al Milet* ("Incrustado de Jóias"), *Avnei Guevil* ("Pedras Brutas"), *Mi-Schirei ha-Prozedor ha-Aroch* ("Dos Poemas do Longo Corredor") criou, em termos de imagens, associações e ritmos, os elementos de um novo estilo e de uma nova fala no poetar hebreu. Ao mesmo tempo, fez soar neste instrumental, desde notas muito íntimas de lirismo individual a celebrar as alegrias simples e sensíveis da vida ou a refletir sobre a existência e a morte, até os acordes de grande amplitude sobre problemas sociais, indagações acerca do lugar do homem no universo, sua solidão na grande cidade e seu anseio de refazer os laços com a natureza. Portanto, riqueza temática e intrepidez formal, gosto pela experimentação e capacidade de preservação, vibração emotiva e apreensão objetiva conjugam-se nesta obra, dando-lhe uma dimensão tal que o interesse pelo vanguardismo na arte não se contrapõe ao compromisso social e nacional, nem a perspectiva judaica se fecha ao horizonte universal e humano. Trata-se de um vasto e fecundo domínio poético que por si só justifica o primeiro plano ocupado por Schlonski na literatura hebraica em Israel, durante meio século.

É claro que a narração ficcional tampouco deixa de espelhar os vários aspectos da transformação, em Israel, do modo de vida judaico e as reações dos indivíduos à nova realidade. No entanto, por empenhada que esteja, e ela o está em *Iamim ve-Leilot* ("Dias e Noites" de Natan

27. Sua peça *Be-Leil Ze* («Esta Noite») foi o primeiro original hebreu-israelense representado pelo «Ha-Bima», na Palestina, em 1936. Escreveu ainda, para o teatro, *Ieruschalaim ve-Romi* («Jerusalém e Roma»), também encenado no «Ha-Bima», em 1941, *Schabetai Tzvi*, que o «Ohel» montou em 1936, *Iehudá Isch Keriot* («Judas Iscariota») e *Ieschua mi-Natzeret* («Jesus de Nazaré»).

Bistrizki-Agmon[27] (Ucrânia, 1896-), em *Ka-Or Iahel* ("Como Luz Brilhará") de Iehudá Iaari (1900-), em *Nedudei Amasai ha-Schomer* ("Perambulações de Amasai o Guarda") de Iaakov Rabinovitz (Polônia, 1875-Israel, 1948), nos relatos de Israel Zarhi[28] (Polônia, 1909-Israel, 1947) e Itzhak Schen'har[29] (Schenberg; Ucrânia, 1902-Israel, 1957) desta fase, a prosa hebraica nada oferece, como transfiguração entusiástica, que se possa comparar à produção poética correspondente. Não é aí que reside o seu traço peculiar. Se a reconstrução e o pioneirismo kibutziano, o sionismo e sua filosofia da história incidem diretamente sobre quase todos os narradores, da nova e velha geração, que se estabeleceram em Israel com a segunda e a terceira *aliot*, tal influência se manifesta neles, em geral, de maneira indireta, surgindo até certo ponto em negativo. Sua visão é mais crítica, já pelo próprio enfoque épico, mais objetivo e distanciado. Trata-se de uma relação, digamos, dialética com a nova realidade ou, a partir dela, com o passado.

De uma parte, a ficção narrativa fez o reconhecimento da terra, o contato com seus problemas e os da sociedade em formação, através da pintura, em perspectiva moderna, na dimensão menor do herói do cotidiano,

28. Nos seus contos e romances, *Alumim* («Juventude»), *Iamim Iehefim* («Dias Descalços» ou «de Pobreza»), *Ha-Neft Zorem la-Iam ha-Tihon* («O Petróleo Corre para o Mediterrâneo»), um dos principais temas é o sofrimento e a angústia dos *halutzim* nos seus esforços de radicação e aclimatação na terra israelense.

29. Compreendendo essencialmente contos e novelas, sua obra constitui um passo importante no desenvolvimento formal da estória curta israelense, ao mesmo tempo que, diacronicamente, faz a ligação entre as tendências encarnadas em Gnessin, Brenner com autores *sabras* surgidos na década de 1940, como S. Izhar. As coletâneas de Schenhar, afora os temas ucranianos como *Basar va-Dam* («Carne e Sangue»), põem em tela fundamentalmente a nova sociedade judaica em Israel, com sua multifacetada composição humana e nas diferentes áreas de seu estabelecimento no país. Escreveu também relatos de inspiração bíblica e estórias de caráter simbolista-surrealista, com um toque de fantástico.

de seus conflitos e desajustamentos, encarados também como as dificuldades e as angústias do transplante para um outro meio e uma situação inteiramente inédita. Isto, e as vicissitudes de integração na vida e nos valores da nova nação, é o que pintam *Dezessete Estórias* ("Schiva Aser Sipurim") e outros relatos de Schlomo Zemach[30] (Polônia, 1886-), romances como *Bein Iam u-Vein Midbar* ("Entre o Mar e o Deserto"), de Aharon Avraham Kabak[31] (Lituânia, 1880-Israel, 1944), em *Menahem Mendel be-Eretz Israel* ("Menahem Mendel em Israel") e *Iemot ha-Meschiach* ("Dias do Messias"), de I. D. Berkowitz[32] (v. págs. 91, 97), em *Emesch* ("Ontem"), *Al Schivá Iamim* ("Sobre Sete Mares"), de Dov Kimhi (Berisch Meller; Galícia, 1889-Israel, 1961), e em *Maagalot* ("Círculos"), de David Maletz (Polônia, 1900-). De outra parte, a ficção encontra aí, no seu próprio processo de radicação, de vir-a-ser israelense, a altitude, o ponto

30. Ao contrário de muitos autores desta fase em especial, trata-se de um narrador sóbrio, sem pendor para extrapolações simbólicas ou pinturas abstratas ou derramamentos poéticos, mas dotado de agudo poder de observação e reflexão crítica. Assim, apeando idealizações e ilusões, suas estórias revelam não só os excessos e fraquezas das personagens, mas o curso real da vida e sua ação dissolvente, mesmo quando orientada por propósitos dos mais elevados e voltada para alvos irrecusáveis. Escreveu contos, um romance *(Eliá Margalit)* e uma peça, *Tankhum mi-Kfar Ianoá* («Tankhum do Povoado de Ianoá»).

31. O gênero romanesco teve, em Kabak, neste período palestinense, um cultor hebreu que se distinguiu pela amplitude de enfoque temático e pela liberdade de tratamento das personagens, enredo, diálogo e progresso narrativo. Sua pena é a do moderno romance europeu.

32. Dos dois romances citados, o segundo, considerado em parte como um *roman à clef*, é uma análise penetrante de certos aspectos e conflitos do movimento sionista. Berkowitz, entretanto, tem seu lugar nas letras hebraicas principalmente por seus relatos curtos. Fiel à técnica realista de caracterização externa, tem o dom de pôr em relevo situações de crise em que as personagens são manipuladas pelas condições psicológicas e sociais. Entre suas peças, das quais *A Peste* constou do primeiro espetáculo apresentado pelo «Ha-Bima», em 1918, em Moscou, *Ba-Aratzot ha-Rehokot* («Em Terras Distantes») é uma comédia sobre a vida dos imigrantes judeus nos Estados Unidos, e *Oto ve-Et Beno* («Ele e seu filho») encenado em 1934 pelo «Ha-Bima», um drama que gira em torno dos conflitos gerados pelos casamentos mistos.

de vista para uma importante abertura sobre o passado. Vemo-la, pois, focalizar com objetiva panorâmica, quer os assuntos bíblicos, onde Kabak aborda a vida de Jesus em *Ba-Mischol ha-Tzar* ("Em Senda Estreita"), quer todas as fases ulteriores, procedendo como que a um balanço histórico-romanesco. A sua ênfase incide no martiriológico e messiânico, tomados como fatores ou expressões da vontade de sobrevivência nacional. A pena romanesca incursiona *Jerusalém em Chamas* ("Ieruschalaim be-Lehavot") na queda do Segundo Templo e o gueto na era medieval com Iaakov Ioschua Churgin (Jafa, 1899-), revive a trágica e fantástica aventura messiânica do marrano português *Schlomo Molkho* na trilogia de Kabak, aprofunda-se na atmosfera das chacinas cossacas do século XVII e nas motivações do auto-sacrifício em *Mul Schaar ha-Schamaim* ("Diante dos Portais do Céu") e *Ha-Nischar be-Toledo* ("O Último em Toledo") de Ascher Barasch[33] (Galícia, 1889-Israel, 1952) e recria em tessitura picaresca a vida dos *hassidim* da Galícia no século XIX em *Hachnassat Kalá* ("O Dote ou Dossel da Noiva"), de Schmuel Iossef Agnon[34] (Czaczkes; Galícia, 1888-Israel, 1970), o mais notável dos narradores hebreus do século XX.

A crônica da Diáspora constitui evidentemente par-

33. Contista e crítico, também, é autor de *Torat ha-Sifrut* («Teoria da Literatura», 1931) que é a primeira teorização sistemática neste campo, em hebraico.

34. Primeiro escritor hebreu a receber o Prêmio Nobel (1966), seus trabalhos de ficção compreendem romances, novelas e contos que procuram, de um lado, recapturar o mundo desvanecente da tradição e, de outro, mostrar a sua desintegração, a perda da fé e dos valores nela esteados, com a conseqüente obliteração da identidade judaica. De sua obra, além de *Ha-Knassat Kalá* e *Oreach Natá Lalun* já citados, têm especial significação *Agunot* («Esposas Abandonadas»), *Ve-Haia ha-Akov le-Mischor* («E o Torto será Endireitado»), *Be-Levav ha-Iamim* («No Coração dos Mares»), *Sipurei Polin* («Contos Poloneses»), *Sefer ha-Maassim* («Livro dos Acontecimentos»), *Tmol Schilschom* («Somente Ontem»).

cela ponderável da produção israelense em prosa. Kabak pretendeu acompanhar pela *História de uma Família* ("Toldot Mischpahá Ahat") o processo do *risorgimento* judaico, desde a sua gestação na Rússia até sua corporificação em Eretz Israel, mas só logrou concluir três livros deste ciclo romanesco na linha de *The Forsyte Saga* de Galsworty: *Be-Halal ha-Reik* ("O Espaço Vazio"), *Be-Tzel Etz ha-Tliá* ("À Sombra do Patíbulo") e *Sipur bli Giborim* ("Estória sem Heróis"), onde retrata, respectivamente, o mundo judeu na Rússia de meados do século XIX, na Polônia da insurreição de 1860 e em Odessa na década de 1860. Ascher Barasch compôs em *Tmunot mi-Beit Mivschal ha-Schekar* ("Quadros da Cervejaria"), *Pirkei Rudorfer* ("Capítulos da Vida de Rudorfer") e *Ahavá Zará* ("Amor Proibido") pinturas magníficas da vida judaica na Polônia. Os contos de Devora Baron (Rússia, 1887-Israel, 1956), em *Sipurim* ("Estórias"), *Ktanot* ("Ninharias"), *Parschiot* ("Capítulos" ou "Casos"), trazem à luz, por uma sensível mistura poética de impressionismo e realismo, o mundo perdido do *schtetl* ("cidadezinha") judeu. Com ela, G. Schofman (v. pág. 88) e I. Steinberg (v. pág. 88) se debruçam sobre o passado. Mas a obra clássica neste terreno é o romance de Agnon, *Oreach Natá Lalun* ("Hóspede por uma Noite"), quadro sombrio da decadência do *schtetl*, da comunidade judia da Europa Oriental, e anúncio profético das sombras da morte que se aproximam.

Os limites temáticos da narração hebraica se ampliam, pois, no tempo e no espaço. Tanto mais quanto ela abrange agora não apenas o centro europeu. Voltando à Terra de Sion, reintegra em seu domínio algumas das "tribos perdidas" ou pelo menos desligadas do núcleo criador de Israel moderno. É o caso do judaísmo sefardita e oriental que surge então em cena, não só como assunto de escritores hebreus de origem *aschkenazi*, entre os quais I. Churgin nos seus contos judio-árabes ou Haim Hazaz em seus relatos iemenitas, *Ha-Ioeschevet ba-Ganim* ("Tu que moras nos Jardins"), *Iaisch*, mas com representação própria nas estórias e romances de Iehudá Burla[35] (Jerusalém, 1886-Jerusalém, 1969), que descreveu com a simplicidade do tradicional contador de estórias, mas com sutileza e encantos típicos, impregnados de aroma oriental, a vida e relações sefardita-árabes em *Ischtó ha-Senua* ("Sua Odiada Mulher"), *Naftulei Adam* ("Lutas Humanas"), *Alilot Akavia* ("Aventuras de Akavia"), plasmando em ficção épica o quadro mais expressivo deste grupo tão singularizado em suas tradições, de tão marcante riqueza espiritual. Ao lado de Burla, a voz nativa deste universo judaico também se articula nos contos orientais de Itzhak Schami (Hebron, 1888-Haifa, 1949), nos relatos jerusalemitas (*Bein ha-Homot*, "Entre os Muros da Cidade"; *Afar ha-Aretz*, "Pó da Terra", etc.) de Ezra Hamenahem (Sérvia, 1907-) e nas descrições dos ambientes tradicionais de Jerusalém e Safed, de Ioschua Bar-Iossef (Zenwirth; Safed, 1911-), na trilogia *Ir Kesumá* ("Cidade Encantada") e nas peças *Be-Simtaot Ieruschalaim* ("Nas Ruelas de Jerusalém") e *Schomrei ha-Homot* ("Guardiães dos Muros da Cidade")[36].

Por outro lado, como no caso da poesia, se torna sensível na prosa um crescente modernismo estético que

---

35. Em conexão com o judaísmo sefardita, iluminou também duas grandes figuras, nos romances históricos sobre as *Viagens de Iehudá Halevi* («Elé Masei Iehuda Halevi»), onde pinta a vida do grande poeta da Idade de Ouro judio-ibérica cujo apelo siônico foi desde a Idade Média um dos guias da esperança do Retorno, e sobre Rabi Iehudá Alkalai, que no início do século XIX instou Israel a um imediato retorno a Sion — *Ba-Ofek* («No Horizonte»).

36. Encenadas pelo Teatro «Ohel», respectivamente, em 1941 e 1948.

se identifica com inclinações e técnicas da narração européia, principalmente. A. Hameiri[37] aborda com audácias expressionistas e uma ironia vanguardista bastante característica, os cruéis absurdos da Primeira Guerra Mundial onde serviu como oficial do exército áustro-húngaro, destacando nas *Sipurei Milkhamá* ("Estórias da Guerra") — série de volumes da qual fazem parte *Ha-Schigaon ha-Gadol* ("A Grande Loucura"), *Schamaim Adumim* ("Céu Vermelho"), *Keschet Iakov* ("O Arco de Jacó") e *Be-Schem Rabi Ieschu mi-Natzeret* ("Em Nome do Rabi Jesus de Nazaré") — especialmente o trágico destino do soldado judeu obrigado a combater em exércitos que o discriminavam odiosamente e por uma causa que não era a sua. G. Schofman faz uso de seu refinado instrumental impressionista para registrar o clima de sufocação e o destino do judaísmo europeu, após 1933. Haim Hazaz (Ucrânia, 1898-Israel, 1976), uma das principais forças do romance hebreu do após-guerra de 14, seja quanto aos recursos estilísticos, seja quanto à amplitude temática, focaliza, com técnicas quase de tomada e montagem de documentário cinematográfico, e uma forte carga satírica, mesmo grotesca, a destruição e a odisséia do mundo judeu da Europa, desde as duas revoluções russas e os *pogroms* ucranianos de 1917-1919, em *Mi-Ze u-mi-Ze* ("Disto e Daquilo"); *Pirkei Maapehá* ("Capítulos da Revolução"), *Schmuel Frankfurter* e *Be-Ischuv schel Iaar* ("Numa Comunidade da Floresta")[38]. S. I.

---

37. Em suas criações de ficcionista, incluem-se ainda *Be-Gueihinom schel Matá* («Inferno Inferior»), *Tnuvá* («Produção»), *Ha-Maschiach ha-Lavan* («O Messias Branco»).

38. A partir da coletânea *Rehayim Schevurim* («Marcos Quebrados»), que assinala o início do período israelense de Hazaz, sua obra de ficção começa a estender-se não só pelo novo território social e humano, envolvendo em seus relatos das *Pedras Ferventes* («Avanim Rotehot») a imigração iemenita, judio-alemã e da Europa Oriental, os problemas do pioneirismo e sionismo, de idealização e realização *(«Ha-Deraschá»,* «O Sermão»), mas também a

Agnon, principalmente a partir do *Sefer ha-Maassim*, emprega linguagem parodística, estranhamento psicológico, transposições oníricas, simbolismos esvaziados e desfigurações grotescas, recursos que lembram T. Mann e Kafka, o expressionismo e o surrealismo, para configurar os desgarramentos do espírito, a alienação dos valores e os impasses existenciais do judaísmo moderno. I. Schen'har manipula com virtuosismo a técnica do conto curto tchekhoviano, da monologação lírica e interior de K. Mansfield e outros cultores deste gênero no Ocidente, criando a sua versão hebraica, com personagens que vivem sua problemática de desencontros mais ao nível psicossocial e não intelectual, para expressar o drama do homem arrancado de sua terra no *galut* e ainda não radicado na nova pátria, como em *Mi-Eretz le-Eretz* ("De País a País"), *Iamim Iedabeiru* ("Os Dias Falarão") e outras coletâneas.

Os problemas da vida judaica e o debate de idéias nestes anos terríveis e cruciais repercutiram particularmente, como seria de esperar, na literatura ensaística. A. D. Gordon, Berl Katznelson (Rússia, 1887-Israel, 1944), Martin Buber[39], Samuel Hugo Bergman[40] (Praga, 1883-

adentrar-se na história judaica, que é percorrida pela imaginação criativa de Hazaz, em várias épocas de cristalização dramática, como a de Sabatai Tzvi e a do sonho da redenção messiânica *(Be-Ketz ha-Iamim*, «No Fim dos Dias», texto encenado pelo «Ha-bimá», 1950), a convulsão revolucionária na Rússia, a goração do Holocausto, e os lutadores pela causa de Israel.

39. Seu primeiro livro escrito em hebraico foi *Torat ha-Neviim* («O Ensinamento dos Profetas», 1942). Do mesmo esforço de penetração na essência do sentido bíblico procede a obra sobre *Moisés* (1946).

40. Pensador preocupado com a religião e a ciência, *Fé e Razão* é um de seus escritos mais divulgados. Além de Brentano, sofre a influência de Hermann Cohen e Ernst Cassirer, na epistemologia e lógica, ao passo que, nas questões de fé e religião, Buber, Rosenzweig, filósofos hindus e cristãos marcaram seu espírito. Sobre estes pensadores e suas idéias escreveu livros e ensaios, alguns dos quais foram reunidos em *Hogi ha-Dor* («Pensadores da Geração») e outras coletâneas.

Jerusalém, 1976), Iehezkel Kaufmann[41] (Rússia, 1889-Israel, 1963), Akiba Ernst Simon (Berlim, 1899-), Natan Rotenstreich[42] (Polônia, 1914-) foram alguns dos que contribuíram com obras de filosofia, política e crítica erudita. Avraham Itzhak Kuk (Letônia, 1865-Israel, 1935), primeiro rabino-mor asquenazita de Israel moderno e um dos expoentes mais profundos do pensamento cabalístico e religioso contemporâneo, uniu em numerosos escritos mística e nacionalismo[43]. H. N. Bialik compôs brilhantes ensaios sobre matérias judaicas, salientando-se análises literárias como *Le-Toldot ha-Schirá ha-Ivrit ha-Hadaschá* ("Para a História da Poesia Hebraica Moderna"), os estudos sobre a Agadá e o conjunto de quatro escritos sobre Mêndele Moher Sforim, que se comparam em penetração e riqueza de pensamento a trabalhos como *Gilui ve-Kisui be-Laschon* ("O Desvelado e o Encoberto na Linguagem")[44] e *Ha-Sefer ha-Ivri* ("O Livro Hebraico").

Na crítica literária, Iossef Klausner[45], com base no

41. Dentre os seus numerosos trabalhos, destacam-se dois de caráter monumental: *Golá ve-Nehar* («Exílio e Alienação»), em 4 volumes, um estudo sociológico sobre o destino do povo judeu, da Antigüidade até a época moderna, e *Toldot ha-Emuná ha-Israelit* («História da Religião Israelita»), em 8 volumes, onde analisa a evolução religiosa dos judeus, desde os tempos antigos até o fim do Segundo Templo.

42. De extração principalmente kantiana e com laços também husserlianos, desenvolveu concepções próprias em numerosos escritos, entre os quais *Ha-Machschavá ha-Iehudit ba-Et ha-Hadaschá* («O Pensamento Judeu na Época Moderna»).

43. Publicados em conjuntos como *Orot ha-Kodesch* («Luzes da Santidade»), 3 vols., *Igrot ha-Raiah* («Cartas de Raiah», isto é, Rabi Abraham Itzhak ha-Kohen), 3 vols., *Orot* («Luzes»), *Orot ha-Teschuvá* («Luzes da Contrição»).

44. Traduzido para o português pelo autor deste *Guia* e publicado na revista *Comentário* (1966).

45. Além de sua *Historia schel ha-Sifrut ha-Ivrit ha-Hadaschá* («História da Literatura Hebraica Moderna»), seis volumes de monografias ligadas entre si por apanhados gerais e que vai de 1784 até 1880, contribuiu profusamente não só com ensaios de crítica e filologia hebraica, mas também no campo da história, onde seu livro sobre *Ieschu ha-Notzri, Zmano, Haiav ve-Torato*

positivismo de Taine e Brandes, procurou entender a obra a partir da personalidade e biografia do autor no quadro das condições históricas e segundo critérios sócio-nacionais, enquanto Ieruham Fischel Lachover[46] (Polônia, 1883-Israel, 1947), embora não dispense também a pesquisa biográfico-histórica e o exame genético do texto, tenta interpretá-la a partir dela mesma, como universo das realidades literárias, mas também de pressupostos filosóficos. Schlomo Zemach representa a crítica estético-humanística, considerando que "o estético é... uma continuação da atividade humana que transporta o real na natureza para o real em visões; e no processo de deslocamento, o real divorcia-se de sua dependência da natureza e suas leis...". Baruch Benedikt Kurzweil (Alemanha, 1907-Israel, 1972), um dos melhores intérpretes da obra de Agnon, ilumina as suas exegeses, que são sobretudo as de um historiador da cultura, a partir dos métodos do New Criticism na leitura do texto, sua estrutura interna e autenticidade conceitual, mas vinculando-as a preocupações e significações histórico-espirituais. Sch. Halkin utiliza a abordagem sócio-histórica em conjunção com o *close-reading* dos elementos textuais, ao passo que Dov Sadan (Stock; Galícia, 1902-) tende a privilegiar o enfoque psico-analítico e psico-lingüístico, embora não abandone os recursos do método histórico nem as impressões da sensibilidade.

(«Jesus de Nazaré, seu Tempo, sua Vida e seus Ensinamentos») foi traduzido para muitas línguas européias, tratando-se de uma importante análise judaica a partir de fontes rabínicas.

46. Na historiografia literária hebraica, o subsídio que notabilizou este autor é a *Toldot ha-Sifrut ha-Ivrit ha-Hadaschá* («História da Literatura Hebraica Moderna», 4 vols.). Seu estudo sobre *H. N. Bialik, Haiav vi-Itzirato* («H. N. Bialik, sua Vida e suas Obras») e as pesquisas que realizou acerca deste poeta são peças importantes na bibliografia crítica de Bialik. Muitos de seus trabalhos foram agrupados em livros, dos quais se pode citar *Mechkarim ve-Nisionot* («Estudos e Experimentos»), *Rischonim ve-Aharonim* («Antigos e Modernos»), *Schirá u-Machschavá* («Poesia e Pensamento»).

Voltado para a história e sobretudo para o momento histórico também se apresenta o drama hebreu, que, agora, começa a ter à sua disposição um público de fala hebraica e, mais ainda, a infra-estrutura necessária para servir de texto a um teatro nacional. Ohel ("A Tenda") e mais tarde Ha-Bimá ("O Palco"), afora vários grupos de amadores e teatros de sátira (Kumkun, de A. Hameiri, e Mataté) fornecem os primeiros elementos de uma atividade teatral estável. Aí são encenados originais hebreus de Bistritzki-Agmon, Berkowitz, Tzvi Schatz, Ever Hadani (Aharon Feldman; Rússia, 1899-Israel, 1972), Ahron Aschman[47] (Rússia, 1896-), Schen'har, I. Bar-Iossef e outros, bem como adaptações de relatos de Bialik Mêndele, Scholem Aleihem, etc.

Esta produção palestinense é estimulada não apenas pelo papel do teatro na vida cultural e social moderna, como ainda pela tensão e dramaticidade que caracterizam a existência judaica, entre as duas guerras. Assim o foco de seu interesse está nas vicissitudes passadas e presentes do povo de Israel. Além dos assuntos colhidos na história distante, leva à cena as dramatizações dos acontecimentos na Rússia e Alemanha, do Extermínio e do Gueto de Varsóvia, da emigração legal e ilegal para Sion, bem como os temas da vida israelense, particularmente com a epopéia pioneira e o ressurgimento nacional.

Os aspectos universais e humanos sensibilizam igualmente a dramaturgia hebraica, que os apresenta entrosados na perspectiva judaica. Porém, neste caso, uma outra

---

47. *Mihal Bat Schaul* («Mihal, Filha de Saul»), de sua autoria, foi apresentado pelo «Ha-Bimá» em 1941, sendo um dos primeiros textos originais israelenses a conquistar popularidade. Mas o grande êxito de Aschman foi a peça *Ha-Adamá ha-Zot* («Este Solo»), encenado no «Ha-Bimá» em 1942; trata-se de uma heroificação do *halutz*, feita com personagens tipificadas, mas tramadas com certo *savoir-faire* teatral e em consonância com necessidades psicológicas daqueles anos terríveis.

fonte de textos é a tradução. Deste trabalho participam os principais autores, que trazem para a língua bíblica grande número de peças do repertório ídiche e internacional. Entre eles, distinguem-se, em especial, I. D. Berkowitz, notável tradutor de Scholem Aleihem, A. Schlonski e Natan Alterman, dois exímios mediadores entre línguas, que transpuseram um vasto conjunto de obras e, ao fazê-lo, criaram praticamente a moderna linguagem teatral hebraico-israelense.

Contudo, a poesia lírica continua sendo um dos veículos prediletos da expressão literária hebraica em Eretz Israel. Após o período de fervor pioneiro, na década de 1920, o cântico da revinculação telúrica e da retomada de raízes nacionais persistiu com pureza naqueles que permaneceram nos *kibutzim*, como Levi ben Amitai[48] (Rússia, 1901-), cujos versos encerram muitas vezes uma prece mística da "religião do trabalho" e um essenismo moderno[49] identificado com a criação do *halutz*, Ioschua Rabinov[50] (Rússia, 1905-), um dos representantes mais típicos do engajamento poético do pioneirismo, e Benjamim Tene[51] (Tenenbaum; Polônia, 1914-), que também se inspira no entusiasmo da volta à terra dentro dos quadros da comunidade coletivista. Nos demais poetas, à medida que se urbanizam, pois a maioria se torna cita-

48. Começou a colaborar na imprensa hebraica, desde 1925, figurando entre os seus livros de poesia *Ha-Schibolim Penima* («Espigas Interiores»), *Leilot ba-Matzor* («Noites sob Cerco»), *Ba-Kvutzá* («Na Kvutzá»).

49. O apelo essênio também calou em Avraham Broides (Vilna, 1907-), outro poeta ligado ao movimento kibutziano que celebrou inicialmente os temas dos pioneiros na reconstrução da pátria e mais tarde deu vazão às buscas de um mundo de purezas espirituais.

50. Seus poemas foram publicados em coletâneas como *Be-Schdeimont Izreel* («Nas Seares de Izreel»), *Mischolim la-Ofek* («Desejos de Horizonte») e *Mul Har ha-Akedá* («Diante da Colina do Sacrifício»).

51. *Mehorá* («Lugar de Origem»), *Massa ba-Galil* («Prova na Galiléia») são seleções de sua produção poética.

dina, o fervor romântico pela *halutziut* cedeu, abrindo lugar para atrações mais individualistas e intelectualistas, bem como para um interesse maior pela experimentação artística avançada.

Na linha modernista, Ioheved Bat-Miriam (Zhelezniak; Rússia, 1901), sob a influência dos simbolistas russos, compõe com evocações altamente pessoais os simbolismos de um mundo que ficou na piedosa casa paterna (*Me-Rahok*, "De Longe") e na paisagem russa, nas *Imagens do Horizonte* ("Dmuiot me-Ofek"), uma distância onírica em que as figurações se apagam umas sobre as outras, fundindo passado e presente, e que, nos versos israelenses (*Eretz Israel*) desta poetisa, se torna visão do presente a partir de um ângulo de mira como que situado na eternidade. Schin Schalom[52] (pseud. de Schalom Iossef Schapira; Polônia, 1904-) é outro poeta que se deve mencionar neste contexto; pois, na dramática tensão que seus versos estabelecem entre "eu" e "Eu" ("Ele"), uma espécie de escada de Jacó a levar da terra ao céu, do mortal a Deus, nascem acordes carregados de vibração mística e de indagação esotérica sobre a alma do homem, da nação e do mundo, que, nas imagens coalescidas das sombras e nas simbolizações de suas esvaecentes aparições, combinam vivência pessoal intensa e visão social profética,

---

52. Entre os títulos sob os quais suas estrofes foram reunidas, destacam-se: *Be-Lev Olam* («No Coração do Mundo»), *Mi* («Quem»), *Panim al Panim* («Face a Face»), *Ieruschalaim Tira Nama* («Jerusalém, Cidade Sonolenta»), *Sefer ha-Schirim ve-ha-Sonetot*, («Livro de Poemas e Sonetos»). É autor de romances, *Ioman be-Galil* («Diário da Galiléia») e *Ha-Ner Lo Kavá* («A Luz não foi Extinta»), de dramas em verso como *Schabat ha-Olam* («Sábado do Mundo»), e o libreto de Max Brod para a primeira ópera israelense, composta por Marc Lavry, baseia-se numa peça de Schalom, *Dan ha-Schomer* («Dan o Guarda»), uma estória inspirada pelos fatos que cercaram a fundação do *kibutz* Hanita. Da amizade e cooperação com Max Brod, resultou ainda uma peça histórica escrita por ambos, *Schaul Melech Israel* («Saul Rei de Israel») e as músicas que o escritor e compositor tcheco criou para muitos poemas de Schin Schalom.

amalgamando o individual e o universal na busca das centelhas redentoras do divino no humano e do humano no divino.

Sob o ponto de vista da estética de vanguarda, o grupo mais atuante foi sem dúvida o que se chamou Iachdav (nome de uma editora) e se concentrou à volta da revista *Turim* ("Fileiras"), redigida por Schlonski. Este, com sua poesia de imagens mescladas e metáforas heterodoxas, de versos quebrados e estrofes soltas, de ritmo e falas informais, rompeu violentamente as convenções não só da métrica tradicional como as da primeira fase do modernismo poético hebreu. Dois nomes estreitamente ligados a Schlonski levaram à frente a tendência: Natan Alterman[53] (Polônia, 1910-Israel, 1970) e Lea Goldberg[54] (Lituânia, 1911-Israel, 1970). O primeiro, que militou no Iachdav e sofreu, além desta influência, e de Maiakóvski, Pasternak e dos imagistas franceses, desenvolveu o emprego dos coloquialismos, das expressões

---

53. Estreou com os poemas *Kohavim ba-Hutz* («Estrelas lá Fora», 1938) Seguem-se *Simhat Aniim* («Alegria dos Pobres»), obra tida como uma das principais realizações da poesia hebraica moderna, *Schirei Makot Mitzraim* («Cantos das Pragas do Egito») e *Ir ha-Ioná* («Cidade da Pomba» ou «Cidade Violenta»). Os quatro volumes de *Kol Schirei Alterman* («Poesias Completas de Alterman») foram publicados na década de 1960, assim como os textos dramáticos de *Kineret, Kineret* e *Pundak ha-Ruhot* («A Estalagem dos Demônios»), *Mischpat Pitagoras* («Teoremas de Pitágoras») e *Ester ha-Malká* («Rainha Ester»).

54. Sua criação poética começou a aparecer em forma de livro em 1935 com *Tabaot Aschan* («Anéis de Fumaça»). Dentre as principais seletas, que publicou posteriormente, cabe registrar: *Mi-Beiti ha-Iaschan* («De Minha Velha Casa»), *Al ha-Perihá* («Da Florescência»), *Barak ba-Boker* («Relâmpago pela Manhã»), *Mukdam u-Meuhar* («Cedo ou Tarde»). Em prosa, escreve *Michtavim mi-Nes'ia Meduma* («Cartas de uma Viagem Imaginária») e o romance lírico reflexivo *Ve-Hu ha-Or* («E Ele é a Luz»), dois textos fortemente autobiográficos. Esquerdismo e arte é o tema de sua peça *Ba'alat ha-Armon* («A Dama do Castelo»), que foi levada em Tel Aviv e Nova York. Mas, ao lado de seu trabalho em poesia, é também de importância a contribuição de Lea Goldberg para a crítica e a teoria literária, tendo publicado ensaios sobre literatura russa, uma introdução à *Divina Comédia* de Dante, análises sobre problemas de poesia e um estudo sobre *A Arte do Conto* («Omanut ha-Sipur»). Suas traduções são numerosas.

e refrões populares, cujo poder de paródia, de desmistificação e de crítica social e política utilizou largamente em sua notável *Ha-Tur ha-Schevii* ("Sétima Coluna") jornalística, versificada, de comentários satíricos aos acontecimentos correntes. Por outro lado, seu verso é lírico e contemplativo, rico de infusões imagísticas e de inscrições emblemáticas, cheio de inovações de estilo e linguagem, dúctil à expressão de uma mitologia poética que abrange, se é que se pode transcrevê-la em termos prosaicos e críticos, não só o tema do diálogo entre vivos e mortos — "Pois o mundo está bipartido, pois ele é dois/E o clamor de seu lamento é duplo,/Pois não há casa sem um morto nos braços/E não há morto que esqueça a sua casa" ("Ha-Holed", "A Toupeira", em *Simbat Aniim* — mas também o das Dez Pragas bíblicas (*Schirei Makot Mitzraim*) como matrizes de um curso cíclico de destruição e renovação na história humana, o da experiência judaica nos anos do Holocausto, imigração ilegal em Israel e luta pela independência (*Ir ha-Ioná*) e, sobretudo, fulcro central do universo poético de Alterman, o motivo da alienação do homem, expulso da floresta edênica primordial e ameaçado em sua essência pela mecânica tentacular da cidade moderna de seu exílio. Lea Goldberg, que se filiou ao círculo de Schlonski tão logo chegou à Palestina em 1935, moldou sua inspiração nos Acmeístas russos, nos simbolistas franceses, em Rilke e Hoffmansthal, e sua poesia, embora tenda ao intelectualismo estético e ao modernismo, o que se reflete no estilo coloquial e na rejeição do retórico e bombástico, adota as formas tradicionais de verso, com um senso de medida quase clássico, inclusive pelo equilíbrio sapiente, mas escritas com um vocabulário familiar e com imagens, ritmos e rimas tiradas do cotidiano. Evitando toda versificação ideológica, mesmo em relação ao compromisso judaico, fato raro em sua geração e em seu meio, cultiva temas universais, como infância, natureza, amor, envelhecimento e morte. Preocupa-se também com a busca da expressão estética e, dentre os seus melhores versos, figuram cinco "Canções do Rio" ("Mi-Schirei ha-Nahal", em *Al ha-Perihá*), onde por meio de símbolos da natureza, rio, pedra, árvore, coloca poeticamente os problemas da criação artística. Aí como em tudo o que fez de melhor, o despojamento é a pedra de toque que lhe permite conjugar esteticismo intelectual com um lirismo delicado e feminino, altamente pessoal e introspectivo.

Ionatã Ratosch (Rússia, 1908-) é uma figura que, na década de 1940, quando a literatura hebraica na Palestina se aproxima de seu período israelense propriamente dito, merece uma menção especial, menos talvez por sua especificidade poética, embora ela seja acentuada, do que pela natureza das idéias que propagou em verso e prosa e também pelo que sua presença significou no processo de definição literária da nova nação. Com efeito, a rumorosa estréia poética de Ratosch, ocorrida em 1941 com a coletânea *Hupa Schehorá* ("Dossel Negro de Núpcias"), assinalou o aparecimento de um autor de grande força criativa, mas cujas inovações lingüísticas, sensualidade extremada e mesmo motivos "canaanitas" encontravam de certo modo precedentes, de um lado, no espírito e no aspecto temático, em Berditchevski, Tchernikhovski, Schoham, Uri Tzvi Greenberg, e, de outro, em modos de formar comuns aos poetas jovens da linha modernista, expressionistas, imagistas, futuristas dos anos de 1920, nos numerosos pontos de intersecção de suas propostas estéticas e de seus léxicos literários. Na verdade, tratava-se menos de "retornar" às fontes primitivas do que recuperar suas formas, imagens, ritmos e mesmo repertório vocabular em termos de poesia moderna, capaz de falar a linguagem de nossos dias e sobretudo pronunciá-la com a inflexão peculiar nascida de um *habitat* de cultura de uma nação médio-oriental. Ainda que por esta via emanações irracionalistas, míticas, telúricas, pagãs, isto é, antivalores na visão tradicional do judaísmo, penetrassem estrepitosa e desafiadoramente na escritura criativa e no discurso literário hebraicos, sua presença não era de molde a causar assombro. Mesmo a rejeição de Bialik e sua geração não constituía novidade. Mas insólito era que Ratosch e os Cananeus pretendessem chegar a uma ruptura total não só com a literatura do renascimento nacional judaico, por considerá-la produto de "judeus" e não de autênticos "israelenses" ou "palestinenses", mas com todo o passado bimilenar da Diáspora e sua tradição cultural, religiosa, ética, também com os fundamentos essencialmente humanísticos do pensamento hebraico, desde a Hascalá pelo menos, e ainda com as bases sócio-nacionais do movimento sionista, alimentado pelo judeu "galútico" e voltado para a sua libertação. Tudo isto foi levado pelos Jovens Hebreus à conta de um mundo, desfibrado e "decadente", que nada tinha a ver com o novo e vigoroso tronco nacional, cujas raízes, removidos todos os vínculos com os países e as condições de vida anterior de seus membros, deviam restabelecer-se na herança lingüístico-literário-cultural semítica das Terras do Eufrates, Canaã em particular, através do *medium* hebreu, lançado como ponte reversa por sobre o tempo e o espaço do *Galut* ("Diáspora"), até a época de sua gênese, com o Primeiro Exílio. Entretanto, por duvidosos que sejam estes pontos de vista, e eles o são no mais alto grau, Ratosch e sua produção poética não podem ser examinados apenas à luz gritante de uma ideologia de contestação, feita de nacionalismo extremado, de influências nietzscheanas, spenglerianas e outras deste jaez, bem como de atitudes *pour épater le bourgeois*. A par disto, emerge no contexto criativo e polêmico do "canaanismo" a face ainda mal esboçada, apesar do alarde com que se apresenta, de uma nova geração, que justamente neste momento começa a despontar no cenário das letras, e, mais ainda, de um novo tipo de judeu, o *sabra*, o nativo israelense. É claro que o movimento "canaanita" não é a única forma pela qual ele se manifestou, mas não deixa de ser uma delas, e a seu modo bastante significativa.

No mais, entretanto, o segmento assim representado não passa de uma fração restrita do processo da literatura hebraica em Israel, que, tomada no seu todo, mantém viva a consciência de pertencer a um povo perseguido e oprimido, cuja libertação lhe parece residir em Sion, a única saída, a seus olhos, para o judeu como tal.

BIBLIOGRAFIA RESUMIDA

Algemeine Enziklopedie in Idich. Cyco, New York, 1948.
BAER, ITZHAK.: *A History of the Jews in Christian Spain*. The Jewish Publication Society of America, Philadelphia, 1965.
BARON, S. W.: *A Social and Religious History of the Jews*. Columbia University Press and The Jewish Publication Society of America, New York and Philadelphia.
BARON, S. W.: *História e Historiografia do Povo Judeu*. Perspectiva, S. Paulo, 1974.
BEN SCHALOM, B.: *La Literatura Hebrea entre las Dos Guerras*. OSM, Jerusalem, 1958.
BONSIRVEN, S.: *Palestinian Judaism in the Time of Jesus Christ*. Hold, Rinehart and Wiston, New York, 1964.
CHARLES, R. H.: *Eschatology*. Schocken, New York, 1970.
COHEN, I., MICHALI, B. Y.: *An Anthology of Hebrew Essays*. Institute for the Translation of Hebrew Literature and Massada Publishing Co., Tel Aviv, 1966.
DUPONT-SOMMER, A: *Les Manuscrits de la Mer Morte*. P.U.F., Paris, 1957.
Encyclopaedia Judaica. Keter Publishing House, Jerusalem, 1972.
FALBEL, N.: Notas Manuscritas sobre o Período Medieval. (Comunicação Pessoal).
FICHMAN, I.: "Itzirat Bialik", in *Kol Kitve H. N. Bialik*, Hotzat Dvir, Tel Aviv, 1947.
GUINSBURG, J., FALBEL, N.: *Aspectos do Hassidismo*. Centro Brasileiro de Estudos Judaicos, S. Paulo, 1971.
GUINSBURG, J.: *Do Estudo e da Oração*. Perspectiva, S. Paulo, 1968.

GUINSBURG, J.: *O Judeu e a Modernidade*. Perspectiva, S. Paulo, 1970.

GUINSBURG, J.: *Nova e Velha Pátria*. Perspectiva, S. Paulo, 1966.

GUINSBURG, J., RIBEIRO TAVARES, Z.: *Quatro Mil Anos de Poesia*. Perspectiva, S. Paulo, 1969.

GUTTMANN, J.: *Philosophies of Judaism*. Doubleday Company, New York, 1964.

HALKIN, S.: *La Littérature Hebraique Moderne*. PUF, Paris, 1958.

HALPER, B.: *Postbiblical Hebrew Literature*. The Jewish Publication Society of America, Philadelphia, 1943.

KLAUSNER, I.: *Compendio de Literatura Hebrea Moderna*. Sociedad Hebraica Argentina, Buenos Ayres, 1955.

KOHANSKY, M.: *The Hebrew Theatre*. Israel University Press, Jerusalem, 1969.

LICHTENBAUM, I.: *Schirateinu*. Hotzat Niv, Tel Aviv, 1962.

MINTZ, R. F.: *Modern Hebrew Poetry*. University of California, Berkeley, 1961.

MONTEFIORE, C. LOEWE, H.: *A Rabinical Anthology*. The World Publishing Co., The Jewish Publications Society of America, New York and Philadelphia.

NAVÉ, P.: *Die Neue Hebräische Literatur*. Francke Verlag, Berna, 1962.

PENUELI, S. Y., UKHMANI, A.: *Anthology of Modern Hebrew Poetry*. Israel University Press, Jerusalem, 1966.

PENUELI, S. Y., UKHMANI, A.: *Hebrew Short Stories*. Institute for Translation of Hebrew Literature, Meggido Publishing Co., Tel Aviv, 1965.

PIETRUSCKA, S.: *Iidiche Folks Entziklopedie*. Farlag Gilead, New York and Montreal, 1946.

RABIN, Y.: "El Desarrollo del Idioma Hebreo", in *Orot*, Jerusalem, 1970-1971.

SCHAANAN, A.: *Ha-Sifrut ha-Ivrit ha-Hadascha Lizrameha*. Massada, Tel Aviv, 1967.

SCHWARTZ, LEO: *The Great Ages of Jewish People*. Random House, New York, 1956.

SCHOLEM, G.: *As Grandes Correntes da Mística Judaica.* Perspectiva, S. Paulo, 1972.

TEREN, HAIM: *Sifrateinu ha-Iafé,* vol. III. Hotzat Hachsiaf, Tel Aviv, 1972.

TZINBERG, I.: *Kultur-historische Schtudies.* Farlag Schklarski, New York.

TZINBERG, I: *Die Geschichte fun der Literatur bai Idn.* Farlag Schklarski, New York, 1943.

UNESCO: *Vida e Valores do Povo Judeu.* Perspectiva, S. Paulo, 1972.

VALLICROSA, J. M. MILLÁS.: *Literatura Hebraico española.* Labor, 1967.

ZUNZ, L.: *Die Synagogale Poesie des Mittelalters.* Georg Olms Verlagbuchhandlung, Hildsheim, 1966.

WAXMAN, M.: *History of Jewish Literature.* Thomas Yoseloff Publisher, Cranbury, New Jersey, 1960.

Coleção ELOS

1. *Estrutura e Problemas da Obra Literária*, Anatol Rosenfeld.
2. *O Prazer do Texto*, Roland Barthes.
3. *Mistificações Literárias: "Os Protocolos dos Sábios de Sião"*, Anatol Rosenfeld.
4. *Poder, Sexo e Letras na República Velha*, Sergio Miceli.
5. *Do Grotesto e do Sublime* (Tradução do *Prefácio* de Cromwell), Victor Hugo.
6. *Ruptura dos Gêneros na Literatura Latino-Americana*, Haroldo de Campos.
7. *Levi-Strauss ou o Novo Festim de Esopo*, Octavio Paz.
8. *Comércio e Relações Internacionais*, Celso Lafer.
9. *Guia Histórico da Literatura Hebraica*, J. Guinsburg.
10. *O Cenário no Avesso (Gide e Pirandello)*, Sábato Magaldi.
11. *O Pequeno Exército Paulista*, Dalmo de Abreu Dallari.
12. *Projeções: Rússia/Brasil/Itália*, Bóris Schnaiderman.
13. *Marcel Duchamp ou o Castelo da Pureza*, Octavio Paz.
14. *Os Mitos Amazônicos da Tartaruga*, Charles Frederick Hartt.
15. *Galut*, I. Baer.

impressão
IMPRENSA METODISTA